Literaturwissen

für Schule und Studium

Georg Büchner

Von Karlheinz Hasselbach

Philipp Reclam jun. Stuttgart

Mit 7 Abbildungen

Universal-Bibliothek Nr. 15212
Alle Rechte vorbehalten
© 1997 Philipp Reclam jun. GmbH & Co., Stuttgart
Überarbeitete Ausgabe 1999
Umschlagabbildung:
Porträtzeichnung von August Hoffmann
Gesamtherstellung: Reclam, Ditzingen. Printed in Germany 1999
RECLAM und UNIVERSAL-BIBLIOTHEK sind eingetragene Marken
der Philipp Reclam jun. GmbH & Co., Stuttgart
ISBN 3-15-015212-7

Inhalt

I. Zeittafel

1813 17. Oktober: Karl Georg Büchner in **Goddelau** bei Darmstadt geboren, im gleichen Jahr wie Friedrich Hebbel und Richard Wagner.

1816 Versetzung des Vaters als Medizinalassessor nach **Darmstadt** und Übersiedelung der Familie dorthin.

Bis 1822 Elementarunterricht bei der Mutter.

1822 Eintritt in Dr. Carl Weitershausens »Privat-Erziehungs- und Unterrichtsanstalt«.

1825–31 Besuch des Darmstädter Gymnasiums von dessen zweiter Klasse an.

1830 Juli-Revolution in Paris.

1831 30. März: (Nicht erhaltene) lateinische Rede zur Schulabschlußfeier.

9. November: Beginn des Medizinstudiums in **Straßburg**.

1832 März/April (vermutlich): Verlobung mit Wilhelmine Jaeglé, Tochter des Pfarrers Jaeglé, bei dem Büchner logiert.

Mai: Vortrag vor Mitgliedern der Studentenverbindung »Eugenia« über politische Zustände und die Roheit der Studenten in Deutschland.

27. Mai: Hambacher Fest.

1833 Juli: Vogesenwanderung mit den Brüdern Stöber.

31. Oktober: Einschreibung als Student der Medizin an der Hessischen Landesuniversität **Gießen**, wo Liebig Chemie und Wilbrand Anatomie lehrt.

November: Hirnhautentzündung und vorzeitige Rückkehr ins **Darmstädter** Elternhaus.

1834 Januar: Wieder in **Gießen**, nimmt Büchner Verbindung mit dem Butzbacher Rektor Weidig auf, dem Herausgeber der Flugschrift *Leuchter und Beleuchter für Hessen* und späterer Mitverfasser des *Hessischen*

Landboten. Studium der Geschichte der Französischen Revolution.
Februar: Schwere Depression.
März: Gründung der Gießener Sektion der »Gesellschaft der Menschenrechte« nach dem Vorbild der »Societé des Droits de l'homme et du citoyen«.
Reise nach **Straßburg** zum Besuch der Braut.
April: Gründung der Darmstädter Sektion der Gesellschaft.
März–Juli: *Der Hessische Landbote*. Flugschrift.
1. August: Verhaftung des Darmstädter Freundes und Verbreiters des *Landboten*, Karl Minnigerode, am Selterstor zu Gießen.
September: Büchner begibt sich nach **Darmstadt** ins Elternhaus. Dort besucht ihn seine Braut Minna Jaeglé.
Oktober: Vorarbeiten zu *Dantons Tod*.

1835 Januar: Vorladungen vor die Untersuchungsrichter in Offenbach und Friedberg.
Februar: *Dantons Tod* abgeschlossen.
6. März: Flucht nach **Straßburg**. Dort Studium der vergleichenden Anatomie und der Philosophie.
26. März – 7. April: Vorabdruck des *Danton* in Gutzkows Literaturblatt der Frankfurter Tageszeitung »Phönix. Frühlingszeitung für Deutschland«.
April: Verhaftungswelle unter Büchners Freunden.
Mai–Oktober: Arbeit an *Lenz*.
18., 23. und 27. Juni: Steckbrief gegen Büchner.
Juli: *Dantons Tod* erscheint bei Sauerländer in Frankfurt a. M.
Anfang Oktober: Übersetzung von Victor Hugos Dramen *Lucrèce Borgia* und *Marie Tudor*.

1836 16. Januar: Ausschreibung eines Lustspielwettbewerbs des Verlags Cotta.
April/Mai: Vortrag der Abhandlung über das Nervensystem der Barben vor der »Societé d'histoire naturelle« in Straßburg.

Frühjahr: Abschluß des *Lenz*.
Sommer: Arbeit an *Leonce und Lena* für den Lust-
spielwettbewerb. Beginn der Arbeit an *Woyzeck*.
3. September: Promotion zum Dr. phil. der Philosophischen Fakultät der Universität Zürich.
18. Oktober: Umzug nach **Zürich**.
November: Probevorlesung »Über Schädelnerven«.
Ernennung zum Privatdozenten und offizielle Aufnahme in die Fakultät.
26. November: Asyl im Kanton Zürich für vorläufig
sechs Monate.

1837 2. Februar: Typhöse Erkrankung.
17. Februar: Eintreffen Minna Jaeglés in Zürich.
19. Februar: Tod am Nachmittag gegen vier Uhr.
21. Februar: Beisetzung auf dem Zürcher Friedhof
»Zum Krautgarten« am Zeltberg.

1838 10.–17. Mai: *Leonce und Lena* erscheint im »Telegraph
für Deutschland«.

1839 7.–22. Januar: *Lenz* erscheint im »Telegraph für
Deutschland«.

1850 Ludwig Büchner gibt die *Nachgelassenen Schriften*
seines Bruders heraus (ohne Woyzeck).

1875 Teildruck des »Wozzeck« (Woyzeck) in der Wiener
»Neuen Freien Presse«.

1879 Erste kritische Gesamtausgabe der Werke von Karl
Emil Franzos.

Uraufführungen

1895 *Leonce und Lena*. Liebhaberaufführung durch das
›Intime Theater‹ in München.

1902 *Dantons Tod*. Freie Volksbühne, Berlin.

1913 *Woyzeck*. Residenztheater, München.

II. Autor und Werk

> Man muß die Menschheit lieben, um in das
> eigentümliche Wesen jedes einzudringen ...
>
> *Lenz*

Büchners Leben ist nicht der Stoff, aus dem erbauliche
Künstlerbiographien gemacht sind. Kurz, aber reich an
Mißgeschick, taugt es wenig als »Paradigma jeder Schick-
salsgestaltung« (Thomas Mann), es sei denn in einem fatalen
Sinne. Viel von dem, was den meisten Menschen wie selbst-
verständlich zufällt, blieb Büchner vorenthalten, und seine
gedichteten »Schreckensvorstellungen« beruhen auf »Real-
erfahrungen«.[1] Dem 19. Jahrhundert war er so gut wie
unbekannt, bis sich schließlich die Naturalisten auf ihn
besannen. Sein neben dem *Danton* einziges zu Lebzeiten gedrucktes Werk, *Der Hessische Landbote*, hatte die
Verhaftung seiner Freunde, seine Flucht ins Ausland und
den Tod seines Mitautors zur Folge. Der *Danton* wurde
einmal aufgeführt, verrissen und bald vergessen.[2] Als Dichter nicht anerkannt, aber auf der polizeilichen Fahndungs-
liste, war selbst im geliebten Straßburg seines Bleibens nicht.

---

1 Burghard Dedner, »Bildsysteme und Gattungsunterschiede in *Leonce und
Lena, Dantons Tod* und *Lenz*«, in: *LuLSt*, S. 157–218, hier S. 197.
2 Den Verriß (»Musterkarte von Anstößigkeiten«, »Auswüchse der Unsitt-
lichkeit«, »Lästerungen des Heiligsten«) schrieb möglicherweise Heinrich
Leo 1835 im »Literarischen Notizen-Blatt« zur *Dresdner Abend-Zeitung*.
Vgl. Thomas Michael Mayer, »Büchner und Weidig – Frühkommunismus
und revolutionäre Demokratie. Zur Textverteilung des *Hessischen Landboten*«, in: *GB* I/II, S. 16–298, hier S. 127; Volker Bohn, »Dokumente zur Frührezeption von *Dantons Tod*«, sowie »›Bei diesem genialen Cynismus wird
dem Leser zuletzt ganz krankhaft pastartig zu Muthe‹. Überlegungen zur
Früh- und Spätrezeption von *Dantons Tod*«, in *GB* III, S. 99–103, sowie
S. 104–130, hier S. 109: »schon 1845 schreibt das ›Literatur- und Anzeigen-
blatt‹ des ›Kometen‹: *Er ist todt, und seine Nation kennt ihn nicht einmal*«.
Vgl. auch »Erinnerung an einen ›außerordentlichen Menschen‹. Zwei unbekannte Rezensionen von Büchners Jugendfreund Georg Zimmermann«,
hrsg. von Jan-Christoph Hauschild, in: *GBJb* 5 (1985) S. 330–346.

Georg Büchner.
Porträtzeichnung von August Hoffmann

Der steckbrieflich verfolgte politische Flüchtling wußte sich
trotz der ihn schützenden Freunde immer von Auslieferung
bedroht. In Zürich gelangte er endlich als vielversprechen-
der junger Gelehrter ans rettende Ufer, starb aber dort
schon vier Monate später in einer Studentenbude, kurz bevor er sie gegen ein halbwegs anständiges Domizil eintau-
schen konnte. Die Häscher, die er in Wirklichkeit abzuschütteln verstanden hatte, suchten den Sterbenden in seinen Fieberdelirien heim. Um ihn waren zwar die treuen
Freunde Wilhelm und Caroline Schulz aus Hessen (wo Caroline ihren Mann aus dem Gefängnis herausgeholt hatte);
aber Minna, seine Verlobte, kam erst dazu, als sie sie schon
nicht mehr erkennen konnte.[3]

Mit diesem Leben gehört Büchner zu den »Geringsten«,
von denen sein Werk handelt und denen er sich im Leben
verbunden fühlte. Die Deckungsgleichheit von Werk und
Leben ist für seine Biographie in solchem Maße charakteri-
stisch, daß das eine nie gegen das andere aufzuwiegen ist –
im Gegensatz etwa zu Brecht, der ihm jedenfalls unter diesem Aspekt sehr unähnlich ist.[4] Seines Lenz' Forderung an
den Künstler, sich ins »Leben des Geringsten zu senken«,
blieb Büchner hier wie dort nichts schuldig. Der hohe Grad
an Übereinstimmung von Dichtung, Wahrheit und Wirklichkeit scheint das Geheimnis der fortdauernden Attrakti-
vität und Aktualität seines inzwischen klassisch gewordenen Werks zu sein.

Am 17. Oktober 1813 erblickt Karl Georg Büchner im hessischen Goddelau bei Darmstadt als erstes Kind des Arztes
Ernst Karl Büchner und seiner Frau Caroline Luise, geb.
Reuß, das Licht der Welt. 1816 zieht die Familie in die
großherzogliche Residenzstadt Darmstadt, wohin Georgs

3 Dies bis zum Erscheinen von »Büchners letzte Stunden. Ein unbekannter
  Brief von Wilhelm Baum«, hrsg. von Hauschild, in: *GBJb* 7 (1988/89)
  S. 381–383, die einhellige Meinung.
4 Vgl. John Füegi, *Brecht & Company*, New York 1995, in London unter dem
  in Amerika nicht zugelassenen Titel *Brecht's Life and Lies* erschienen.

Vater als Großherzoglicher Medizinalassessor und Bezirksarzt versetzt worden ist. Von seiner als einfühlsam und pädagogisch klug beschriebenen Mutter erhält Georg Elementarunterricht. Vermutlich Ostern 1822 tritt er in die »Privat-Erziehungs- und Unterrichtsanstalt« von Dr. Carl Weitershausen ein und besucht danach von 1825 bis zur Abschlußprüfung 1831 das humanistische Darmstädter »Pädagog«. Die Aufsätze und Reden des Gymnasiasten[5] zeigen neben Vertrautheit mit den Ideen bekannter Naturwissenschaftler und Philosophen seine Schulung in klassischer Redekunst. Den Vorgaben des gymnasialen Schulaufsatzes gemäß sind sie patriotisch-heldisch oder empfindsam, aber bei Themen wie Freiheit gegen Knechtschaft und dem damit verbundenen Selbstopfer verraten sie die Stoßrichtung seines Denkens, in dem sich unkonventionelles Urteil und »kritischer Impetus«[6] Bahn brechen.

Georg soll eine Familientradition fortsetzen und wie sein Vater und sein Großvater väterlicherseits Arzt werden. Mit Straßburg, wohin er sich im Oktober 1831 zum Studium der Medizin begibt, trifft er eine in politischer Hinsicht folgenreiche und in persönlicher Hinsicht glückliche Wahl. Er logiert sich bei dem Pfarrer Johann Jacob Jaeglé ein, mit dessen Tochter Wilhelmine (Minna) er sich im März 1832 heimlich verlobt. Der Theologenverbindung Eugenia seiner Freunde August und Adolf Stoeber und seines Studienkollegen Eugen Boeckel schließt er sich als »hospes perpetuus« an. Ihre Diskussionen kreisen um die französische Juli-Revolution von 1830 und ihre Wirkung. Zum Thema Deutschland trägt Büchner mit drastischen Schilderungen der dort herrschen-

---

5 *Über die Freundschaft* (1825), ein »Diktataufsatz« *Heldentod der vierhundert Pforzheimer* (WS 1829/30), *Über den Traum eines Arkadiers* (WS 1829/30), *Über den Selbstmord. Eine Rezension* (WS 1830/31) und *Rede zur Verteidigung des Cato von Utika* (1830).

6 Thomas Michael Mayer, »Georg Büchner. Eine kurze Chronik zu Leben und Werk«, in: *GB* I/II S. 357–425, hier S. 362; in der Rezension *Über den Selbstmord* widerspricht Büchner der christlichen Auffassung vom Leben und besteht auf dessen Selbstzweck.

den sozialen und politischen Zustände bei. Nach Ablauf
seiner zweijährigen Dispensierung vom Studium an der
hessischen Landesuniversität schreibt er sich weisungsge-
mäß zum Wintersemester 1833 als Student der Medizin in
Gießen ein. Hier erkrankt er an einer Hirnhautentzündung,
von der er sich im Elternhaus erholt. Nach seiner Rückkehr
fällt er in anhaltende Depression.[7] Der erzwungene Aufenthalt fern der Geliebten und der Freunde im dem weltläufi-
gen Straßburg gegenüber bürgerlich-engen Gießen, die Mit-
telmäßigkeit der Gießener universitären, gesellschaftlichen,
städtebaulichen und (als Reflex seiner Depression ebenso
empfundenen) landschaftlichen »Verhältnisse«, dazu das
Elend der hessischen Bauern und die noch feudalistischen
Zustände im Großherzogtum sind Gegenstand endloser
Klagen in seinen Briefen, erfüllen ihn mit Lebensüberdruß
und machen ihn zum politischen Revolutionär. An den
Freund August Stoeber schreibt er in diesem Sinne am
9. Dezember 1833: »Ich bete jeden Abend zum Hanf und zu
d. Laternen« (MA, Nr. 17). Er meidet den Umgang mit seinen teils raubaukenhaften, teils sich elitär gebarenden Mit-
studenten sowie mit seinen Darmstädter Landsleuten, die
sich darüber bei seinen Eltern beschweren. Im Brief an die
Familie vom Februar 1834 rechtfertigt er sein »Betragen«:
»[...] es kann mir niemand wehren, Alles, was existiert, bei
seinem Namen zu nennen und dem, was mir unangenehm
ist, aus dem Wege zu gehn. Jemanden kränken, ist eine
Grausamkeit, ihn aber zu suchen oder zu meiden, bleibt
meinem Gutdünken überlassen. [...] Man nennt mich einen
Spötter. Es ist wahr, ich lache oft, aber ich lache nicht darüber, *wie* Jemand ein Mensch, sondern nur darüber, *daß* er

---

7 Vgl. die Briefe an die Braut aus Gießen, Februar und März 1834 (L II,423
   bis 426). Seine Stumpfheit gegenüber der Naturschönheit um Gießen spiegelt sich im *Lenz* – in der darauf bezüglichen Briefstellen transplantiert
   sind –: »[...] die Erde war wie ein goldner Pokal, über die schäumend die
   Goldwellen des Monds liefen. Lenz starrte ruhig hinaus, keine Ahnung,
   kein Drang« (31).

Wilhelmine (Minna) Jaeglé. Zeichnung, um 1830

ein Mensch ist« und fährt fort, er hege jedoch »[Haß] im
vollsten Maße gegen die, *welche verachten* [und, da] im
Besitze einer lächerlichen Äußerlichkeit, die man Bildung,
oder eines toten Krams, den man Gelehrsamkeit heißt, die
große Masse ihrer Brüder ihrem verachtenden Egoismus
opfern« (MA, Nr. 18). Das zielt auf die gebildeten bürgerlichen Schichten und deren studentischen Nachwuchs in dem
sich stolz Garnisons- und Universitätsstadt nennenden hes-

sischen Städtchen. Kommilitonen suchen den Außenseiter
nach der Kneipe mit nächtlichen Ständchen heim; sie ver-
höhnen den bekannten Einzelgänger, der sie an Körper-
größe, verstärkt durch einen Lincolnschen Zylinder, über-
ragt und bei seiner Kurzsichtigkeit und seinem dandyhaften
Aufzug in Gießen eine auffallende Erscheinung ist, indem
sie Hochrufe auf den »Erhalter des europäischen Gleichge-
wichts, den Abschaffer des Sklavenhandels, Georg Büchner« ausbringen.[8]
Im Januar 1834 lernt Büchner den Theologen und Schulrek-
tor Friedrich Ludwig Weidig aus Butzbach, den späteren
Mitverfasser des *Hessischen Landboten*, kennen und gründet im März eine revolutionäre Geheimorganisation unter
dem Namen »Gesellschaft der Menschenrechte«. Nach kur-
zem Besuch in Straßburg verbringt er die Osterferien zu
Hause und gründet die Darmstädter Sektion der »Gesellschaft der Menschenrechte«. Mit diesen politischen Unter-
nehmen steht der gegen Ende Januar 1834, während der
Vorbereitung des *Landboten*, geschriebene, noch immer
umstrittene »Fatalismus-Brief«, der den Sinn revolutionärer
Aktivität in Frage stellt, anscheinend im Widerspruch.[9] Am
3. Juli 1834 treffen sich die Verschwörer auf der Badenburg
nördlich von Gießen und erörtern die geplante Flugschrif-

---

8 Zitiert nach Jan-Christoph Hauschild, *Georg Büchner. Biographie*, Stuttgart
  1993, S. 245.
9 Dessen umstrittenster Passus lautet: »Ich studierte die Geschichte der Revolution. Ich fühlte mich wie zernichtet unter dem gräßlichen Fatalismus der
  Geschichte. Ich finde in der Menschennatur eine entsetzliche Gleichheit
  [. . .]. Der Einzelne nur Schaum auf der Welle, die Größe ein bloßer Zufall,
  die Herrschaft des Genies ein bloßes Puppenspiel, ein lächerliches Ringen
  gegen ein ehernes Gesetz, es zu erkennen das Höchste, es zu beherrschen
  unmöglich« (MA, Nr. 21,288). Mayer (Anm. 6), S. 373 ff., erklärt die »pessi-
  mistische Anthropologisierung [darin] eher als eine sekundäre Tendenz«.
  Der Brief ist nach neuen Indizien (vgl. *Georg Büchner an Hund und Kater.
  Unbekannte Briefe des Exils*, hrsg. von Erika Gillmann und Thomas Michael Mayer [u. a.], Marburg 1993, S. 134 f.) nicht erst im März, sondern
  schon gegen Ende Januar 1834 geschrieben. Ebd., S. 64 f., der Hinweis auf
  den Plan der Gefangenenbefreiung, dessen endgültiges Scheitern Büchner
  zur Flucht am 6. März 1835 bewegt.

tenaktion des *Hessischen Landboten*. Der gemäßigte Mitverfasser Weidig obsiegt dabei über Büchner, der die Anwesenden mit dem Vorschlag konsterniert, die »niederen Klassen«[10] zum Hebel und Nutznießer des erhofften Aufstandes zu machen. Wenige Tage danach befördern Büchner und seine Freunde Jakob Friedrich Schütz, Carl Minnigerode, August Becker und Karl Zeuner, mit Alibis versehen, auf heimlichen nächtlichen Fußmärschen über Landesgrenzen zwischen den »beiden Hessen« hinweg (das Großherzogtum war durch einen kurhessischen Streifen nördlich der freien Reichsstadt Frankfurt in Oberhessen und Starkenburg geteilt) das Manuskript in einer Botanisierbüchse zum Druck nach Offenbach am Main und die gedruckten Exemplare von dort nach Friedberg, Butzbach, Darmstadt und Gießen. Minnigerode wird aufgrund der Denunziation des Butzbachers Johann Konrad Kuhl, eines zum Spitzel gewordenen Freundes von Weidig, am Abend des 1. August am Gießener Selterstor im Besitz von 139 Exemplaren des *Landboten*, die er vorgeblich den Behörden abzuliefern im Begriffe war, verhaftet. Büchner wird bald als einer der Hauptverschwörer identifiziert, nachdem Kuhl ihn als den Verfasser der Schrift angezeigt hat. Der Haftbefehl gegen ihn trifft aber erst am 3. August beim Universitätsrichter Georgi ein, so daß Büchner am 1. August die Freunde in Butzbach und Offenbach warnen kann. Da Georgi Büchners nicht habhaft werden kann, ordnet er die Durchsuchung seiner Wohnung im Seltersweg an. Büchners Flucht nach vorn in Form einer Beschwerde darüber verunsichert Georgi jedoch dermaßen, daß eine Verhaftung unterbleibt, zumal sich keine stichhaltigen Beweise gegen Büchner erbringen lassen.[11] So kommt ein Teil der nicht beschlagnahmten Exemplare doch noch in Butzbach, Fried-

---

10 Vgl. An die Familie, Juni 1833 (L II,418).
11 Kasimir Edschmid, *Wenn es Rosen sind, werden sie blühen*, Darmstadt 1950, schildert die Vorgänge lebendig mit einem Porträt des Alkoholikers Georgi.

berg und Gießen und von da in den Dörfern der Umgebung
zur Verteilung. Der bürgerlich-republikanische Marburger
Arzt und Gelehrte Leopold Eichelberg bringt im November eine 2. Auflage von 400 Exemplaren ohne den Vorbericht und den Passus über Klassenjustiz der 1. Ausgabe heraus.[12]
Während seines Darmstädter Aufenthalts beginnt Büchner
am 1. Oktober 1834 mit den Vorarbeiten zum *Danton*. Im
Februar 1835 schließt er das Manuskript ab und schickt es
an Karl Gutzkow zur Veröffentlichung im Literaturblatt
der Tageszeitung *Phönix*. Vorladungen zum Verhör vor
dem Untersuchungsrichter in Offenbach und (vielleicht erneute) zur Friedberger Untersuchungskommission leistet er
nicht Folge. Ihm erscheint wegen der Gefahr einer Verhaftung die Flucht nach Straßburg geraten, die er bis zum
6. März 1835 hinauszögert, als sich der Plan, die Mitver-
schwörer Minnigerode, Gladbach und Zeuner aus dem
Friedberger Gefängnis zu befreien, zerschlägt (s. Anm. 9).
Ab 18. Juni 1835 wird er steckbrieflich verfolgt. Diesem
Umstand verdanken wir die folgende Personenbeschrei-
bung: Alter: 21 Jahre, Größe: 6 Schuh, 9 Zoll hessischen
Maßes, Haare: blond, Stirne: sehr gewölbt, Augenbrauen:
blond, Augen: grau, Nase: stark, Mund: klein, Bart: blond,
Kinn: rund, Angesicht: oval, Gesichtsfarbe: frisch, Statur:
kräftig, schlank. Besondere Kennzeichen: Kurzsichtig-
keit.
Im April 1835 löst der Verrat des Mitverschwörers Gustav
Clemm eine Verhaftungswelle unter den Mitarbeitern am
Landboten aus, deren Opfer auch Weidig wird, den man im
Februar 1837 im Darmstädter Gefängnis mit durchschnitte-
ner Gurgel tot auffindet. Büchner hält mit den in Straßburg
Schutz suchenden hessischen Flüchtlingen Kontakt und ist
so über die heimischen Zustände auf dem laufenden. Unter-

---

12 Dessen mystifizierende »zweite Botschaft«, welche die erschienene erste
fortsetzen sollte, wird als lächerlich von den Sektionären nicht zum Druck
zugelassen; vgl. Mayer (Anm. 6), S. 386.

dessen übersetzt er im Auftrag des Verlegers Sauerländer
Victor Hugos Dramen *Lucrèce Borgia* und *Marie Tudor* für
die Gesamtausgabe der Werke Hugos. Auf Arbeiten zum
Lenz, über den Gutzkow für seine *Deutsche Revue* einen
Aufsatz von Büchner haben möchte, deutet sein Brief an die
Familie vom 28. September 1835. Im Schutz einer wahrscheinlich von seinen Straßburger Lehrern erwirkten *carte
de sureté* und deshalb ohne Furcht vor den in Straßburg geltenden Sonderregelungen, nach welchen sich die politischen
Flüchtlinge in einem 20-Meilen-Streifen entlang der Grenze
zu Deutschland nicht aufhalten dürfen, widmet sich Büchner seinen naturwissenschaftlichen Studien, der Promotion
in Zürich mit seiner Untersuchung *Mémoire sur le système
nerveux du barbeau*, der Ausarbeitung seiner Probevorlesung *Über Schädelnerven* und Entwürfen zu Vorlesungen
über Descartes, Spinoza und die Geschichte der griechi-
schen Philosophie für seine ab Ostern 1836 geplante Do-
zentur an der drei Jahre zuvor gegründeten Züricher Universität. Danach nimmt er seine schriftstellerische Tätigkeit
wieder auf, u. a. wegen der Aussicht auf Mitarbeit an Gutzkows *Deutscher Revue*, die jedoch nach dessen Verhaftung
(1835), den Triumph des Zensors Wolfgang Menzel über die
jungdeutsche Schule besiegelnd, verboten wird. Obwohl
sich die Geister an der Frage der Reform der politischen
Zustände durch die Literatur und die »gebildeten Klassen«
scheiden, gibt es zwischen dem Jungen Deutschland und
Büchner aufgrund ihrer gemeinsamen emanzipatorischen
Bestrebungen Berührungspunkte. Da aber Gutzkow nach
seiner Festnahme im Gefolge der Bundestagsbeschlüsse
vom 10. Dezember 1835, welche die Ächtung jungdeutscher
Schriftsteller wie ihn, Heine und Börne zur Folge hatten,
vorsichtig revoziert, tritt die alte Trennungslinie zwischen
Büchner und den Jungdeutschen erneut in Erscheinung.
Büchners Beteuerungen gegenüber den wegen seiner politischen Aktivität ständig um seine Sicherheit besorgten Eltern, daß er der jungdeutschen Schule nicht angehöre, sind

also nicht Teil der dabei üblichen Verschleierungstechnik,
sondern entsprechen der Wahrheit.

1836 beteiligt sich Büchner an einem vom Verlag Cotta in
Stuttgart veranstalteten Preisausschreiben für das beste
deutsche Lustspiel mit der um zwei Tage verspäteten Ein-
sendung des Manuskripts von *Leonce und Lena.* Vermutlich
arbeitet er gleichzeitig an einem Drama über Pietro Aretino,
»das sardanapalische Renaissancegenie, den Emporkömm-
ling, Satiriker, Dichter und Erotiker«,[13] von dessen Existenz
als eines im Januar 1836 nahezu vollendeten Stückes wir
aber nur durch den Bruder Ludwig Büchner wissen. Vor
Oktober sind 30 Szenen des *Woyzeck* fertig. Am 3. September 1836 promoviert Büchner mit seinem *Mémoire* an
der Philosophischen Fakultät der Universität Zürich. Die
Schweizer Behörden gestatten ihm schon am 28. – trotz
kürzlicher Deportationen deutscher Emigranten auf Drän-
gen des Bundestags und eines Erlasses gegen politische Ak-
tivitäten deutscher Flüchtlinge in der Schweiz – die Einreise
zur Wahrnehmung einer Privatdozentur, nachdem er glaubhaft versichert hat, nicht zur »Kategorie derjenigen Flüchtlinge« zu gehören, »gegen welche die Schweiz und Frankreich neuerdings die bekannten Maßnahmen ergriffen haben«,[14] und dies mit einem einwandfreien polizeilichen
Führungszeugnis beurkunden kann. Am 18. Oktober 1836
zieht Büchner nach Zürich in das Haus des liberalen Regie-
rungsrats und Arztes Dr. Zehnder, Spiegelgasse 12, das Lo-
gis seiner Freunde Caroline und Wilhelm Schulz. Unter
den dort einquartierten politischen Flüchtlingen sind sein
Darmstädter Mitschüler und politischer Rivale Hermann
Trapp und der ihm aus Gießen bekannte Carl Schmidt, die
dann ausziehen.

In der Probevorlesung mit ihrer Kritik an der teleologischen Methode »auf dem Gebiete der physiologischen und
anatomischen Wissenschaften« bewegt sich »Büchner, der

13 Mayer (Anm. 6), S. 413.
14 Zitiert nach Hauschild (Anm. 8), S. 568.

sich als Anatom von naturphilosophischen Fragestellungen
(als Hypothesen) leiten läßt, ohne seine Befunde ›in das System hinein[zuzwängen]‹ (A. Lühning), auf eine exakte und
materialistische Synthese zu,« schreibt Thomas Michael
Mayer nach Darlegung der Richtungen und Richtungs-
kämpfe in dem von Büchner vertretenen Wissenschafts-
zweig.[15] Die anwesenden Fachkollegen, darunter der be-
rühmte Lorenz Oken, nehmen sein Debut beifällig auf und
schätzen ihn als sowohl fleißigen wie eigenständigen For-
scher. Die Vorbereitungen auf seine Lehrtätigkeit treiben
Büchner an den Rand der Erschöpfung und sind, nach Wilhelm Schulz, für die tödliche Erkrankung verantwortlich.
Am 20. Januar meldet sich mit einer »Verkältung«, die
Büchner bettlägerig macht, der Typhus an. Seitdem ist sein
Allgemeinbefinden von großer Mattigkeit, bis sich Anfang
Februar bei hohem Fieber Bewußtseinstrübungen einstel-
len. Der Delirierende wird von Auslieferungsängsten und
(religiösen) Phantasien gepeinigt, die, typisch für den Verlauf des Typhus, mit ruhigen Phasen wechseln. Caroline
Schulz berichtet die ›letzten Worte‹ des Sterbenden: »Wir
haben der Schmerzen nicht zu viel, wir haben ihrer zu wenig, denn durch den Schmerz gehen wir in Gott ein!« und
»Wir sind Tod, Staub, Asche, wie dürfen wir klagen?« Sie
sind trotz anderslautender Äußerungen in Büchners Werken zur Frage der Theodizee glaubhaft im Kontext gerade
dieser Phase des Krankheitsverlaufs.[16] Büchner stirbt am
Nachmittag des 19. Februar 1837 im Alter von 23 Jahren
und vier Monaten.

15 Mayer (Anm. 6), S. 419.
16 Vgl. die religiös ausgerichtete Büchner-Forschung Ludwig Büttners, Erwin
   Kobels und Wolfgang Wittkowskis, die sich vor allem auf christliche Motive im Werk stützt. Ihnen hat sich John Reddick mit seiner Interpretation
   des Woyzeck und dessen »religious framework of reference« angeschlos-
   sen. J. R., *Georg Büchner. The Shattered Whole*, Oxford 1994, S. 366. Es
   wäre zu bedenken, ob Büchner beim »Geringsten«, in den es sich zu »senken« gelte (*Lenz*, 14), auf das Christus-Wort »Was ihr einem jener Geringsten getan habt, das habt ihr mir getan« (Matth. 25,40) anspielt.

Gleichaltrig mit Friedrich Hebbel und Richard Wagner hinterläßt Büchner ein reifes Werk von außerordentlicher Vielfalt und ungewöhnlichem Umfang in einem Alter, da diese noch in ihren Anfängen tasten. Der *Landbote* ist ein politisches Manifest, *Danton* ein Geschichtsdrama Schillerschen Ausmaßes, *Leonce und Lena* eine Komödie von Shakespearschem Format, *Woyzeck* ein soziales Drama und *Lenz* eine medizinische Fallstudie in einer die moderne Prosa begründenden Form. Büchners Vielseitigkeit entfaltet sich auf dem Hintergrund seiner menschlichen Eindeutigkeit, die mit der Formel ›Menschenliebe plus Pessimismus‹ nicht unzutreffend gekennzeichnet worden ist. Büchner begann mit 20 Jahren zu schreiben und endete mit 23. Während der drei Jahre engagierte er sich politisch, verliebte und verlobte sich, studierte Medizin, Naturwissenschaften und Philosophie, war Flüchtling, Übersetzer und Dozent und setzte neue dichterische Maßstäbe.[17]

»Interessante Lebenserscheinungen« haben, schreibt Thomas Mann im *Doktor Faustus*, meist etwas Zweideutiges. Bei Büchner hat man es trotz mancher Widersprüche, welche die Forschung zu mancherlei Spekulationen verleitet haben, mit einer großartigen Eindeutigkeit und dennoch interessanten Lebenserscheinung zu tun. Seine politische Aktivität und seine Dichtungen sind gelenkt von der Liebe zu »leidenden, gedrückten Gestalten« (MA, Nr. 18) und der Treue zur Wahrheit. Die Einsicht in die materiellen und menschlichen Ursachen der versteinerten sozialen Verhältnisse und das Bewußtsein, daß menschliches Leiden durch nichts zu rechtfertigen ist, sondern auf einem »Riß« im

---

17 Davon zeugen die vielen ihn nachahmenden oder von ihm zehrenden Dichtungen, von denen meines Wissens zwei der Forschung bisher unbekannt geblieben sind, nämlich die Operette *El Capitan* (*Der Feldhauptmann*) (1870) des Amerikaners John Philipp Sousa und dessen Librettisten Charles Klein, die sich an *Leonce und Lena* anlehnt, und Dieter Fortes Roman *Der Junge mit den blutigen Schuhen* (1995), der mit seiner (vielleicht unbewußten) Rezeption des Büchner-Idioms, insbesondere der Diktion des *Lenz*, der beste Beweis für Büchners ›Wirkungskraft‹ ist.

Weltgebäude beruht – dieser »Fels des Atheismus« verleiht Büchners ›Humanität ohne Transzendenz‹ die ihr eigentümliche Streitbarkeit und seinem sozialen Anliegen die Dringlichkeit. In der Sicht dessen, dem »göttlicher Trost« (*Lenz*) verwehrt ist, sind religiöse Heilslehren, insbesondere wenn sie das Leid zur Bewährungsprobe des Menschen in der Prüfung des Lebens verklären, ebenso wirklichkeitsfremd wie das von dem Naturwissenschaftler befehdete teleologische Denken.

Freilich verwirklicht sich die Eindeutigkeit von Büchners politischem und literarischem Engagement auf vielfältige Weise, erkennbar in der Rezeption seines Werks an Titeln wie z. B. *Der widerständige Klassiker, Dichtung der Revolution und Revolution der Dichtung, Zeitgenosse Büchner, Love, Lust and Rebellion* oder gar *Verirrte Deutsche*. Der frühe ›Realist‹ ist zugleich ein später ›Aufklärer‹, der es nach den Räuschen des deutschen Irrationalismus mit vernunftbestimmtem Handeln angesichts vernunftwidrigen Elends ernst meint. Im Gegensatz zu seinem patriarchalischen Vater, der Napoleon bewunderte, hängt der älteste Sohn der Französischen Revolution von 1789 und ihrer Errungenschaft, der Erklärung der Menschenrechte, an. In ihrem Zeichen steht die politische Aktivität des Studenten, und ihren Geist atmet sein Werk. Auch die Erkenntnis, daß der »Einzelne nur Schaum auf der Welle, die Größe ein bloßer Zufall, die Herrschaft des Genies ein Puppenspiel, es zu erkennen das Höchste, es zu beherrschen unmöglich« (MA, Nr. 21) sei, konnte dem nichts anhaben. Der Agnostiker in Büchner brauchte nicht die Moral aus Gott abzuleiten, und der Moralist in ihm konnte es nicht, ›ausgesetzt‹ wie er war auf dem »Fels des Atheismus«. Wie seinem Lenz so war auch ihm oft das »All [...] in Wunden [und] er fühlte einen tiefen unnennbaren Schmerz davon«. Das Wissen um die Leere »göttlichen Trosts« und schieres Mitleid mit »leidenden, gedrückten Gestalten« sind in Büchner auf eine Weise verschmolzen, die stets aufs neue Staunen erregt. »Sein Herz

gehörte den Verrückten, den Ausgestoßenen, den Hungern-
den«, schreibt Rolf Schneider über ihn, »der Deutschen
größtes poetisches Talent nach Friedrich Hölderlin«[18] – ein
Urteil, worin Geister verschiedenster Provenienz, von den
Büchner-Preisträgern Gottfried Benn und Elias Canetti bis
zu Wolf Biermann, übereinzustimmen scheinen.

---

18 Rolf Schneider, *Die Reise zu Richard Wagner*, Wien 1989, S. 32 f.

III. Interpretationen

> Wir arme Leut . . . Geld, Geld.
> Wer kein Geld hat . . .
>
> *Woyzeck*

Der Hessische Landbote. Flugschrift. Büchners literarische Laufbahn beginnt nicht zufällig mit einer politischen Flugschrift, denn die Politik ist oft seine Muse. Büchner schrieb den Entwurf zum *Landboten* im März 1834 in Gießen; nach seiner Korrektur von Beckers Reinschrift und Weidigs nochmaliger Überarbeitung gelangte die Schrift zum Druck. Da Büchner Weidig zum Mitverfasser und maßgebenden Redakteur hatte, gilt es zunächst, seinen Anteil zu ermitteln, und zwar durch dem Wesen einer Flugschrift entsprechende Kriterien historischer und philologischer Art.[19] Man darf dabei aber ruhig auch den belebenden dichterischen Atem des inspirierten Revolutionärs in Anschlag bringen, ist er es doch, welcher den Adressaten von einst wie den Leser von heute erreicht.

Obwohl weder ein Manuskript des Entwurfs noch eines der Druckvorlage existiert, läßt sich bei strittigen Stellen der Urheber mit ziemlicher Sicherheit feststellen, da Gesinnung und Temperament der beiden Autoren verschieden genug sind, ihre individuelle Handschrift trotz des sie einebnenden Charakters der Flugschrift durchschlagen zu lassen. Weidig hat nahezu die zweite Hälfte des *Landboten* verfaßt und den Rest redigiert. Von ihm stammen Titel, Vorbericht, Schluß und die meisten Bibelbezüge, und er dämpfte die Kritik am Liberalismus sowie die Verherrlichung der Französischen Revolution. An einschneidende Tilgungen ist ebenfalls zu denken. Sein bekanntestes Vermächtnis ist die

---

19 Die Herausgeber von MA sind der Ansicht, beide Autoren hätten hinsichtlich ihrer persönlichen Anschauung und Stilgebung Abstriche machen müssen; vgl. MA,453 f.

hart umkämpfte Formulierung »die Vornehmen«, der die
von Büchner vorgesehene »die Reichen« aus taktischen
Gründen weichen mußte. Weidig wollte vermeiden, mögliche Sympathisanten unter den liberal gesinnten Besitzbür-
gern zu verprellen. Beabsichtigt war eine die »doppelte
Kampfstellung [. . .] gegen die Monarchie, den Feudalismus
und ihre Diener auf der einen, die Bourgeoisie und den politischen Liberalismus auf der anderen Seite«[20] vermeidende
Strategie. Der Neuling mußte sich der Autorität Weidigs in
Sachen Flugschrift – mehr was die Rhetorik als den Inhalt
betraf – beugen.[21] Allen war ja bewußt, daß das »materielle
Elend« der Hebel zur Revolution war und nicht etwa
staats- und menschenrechtliche Prinzipien, sosehr sie auch
von den Fürsten mit Füßen getreten wurden und schon deswegen den Agitatoren am Herzen lagen. Aber nur »am
Geldsack«, so der Freund August Becker im Verhör vom
1. September 1837, seien die hessischen Bauern nach Büchners Meinung zu packen gewesen. Zu *ver*packen dagegen
war, ebenfalls nach aller Ansicht, der Aufruf in religiöse
Phraseologie.
Die »materiellen« mit den »religiösen« Bedürfnissen der
»Masse« zu verbinden, war eine unter Sozialrevolutionären
schon lange geübte Praxis. Sie machte sich die Tatsache zu-
nutze, daß die Sprache der Bibel eine Art Lingua franca des
Volkes war. So konnten biblische Begriffe, Metaphern und
Gleichnisse zum Vehikel revolutionärer Ideen werden, zu-

---

20 Hans Mayer, *Georg Büchner und seine Zeit*, Frankfurt a. M. 1972, S. 178.
21 Büchners Kritik an dessen illegaler Flugschrift *Leuchter und Beleuchter für
Hessen* veranlaßte vermutlich Weidig zu sagen, er solle es doch besser machen, und war wohl die ›Initialzündung‹ für den *Landboten*. Weidigs Flugschrift war an die »freisinnigen Bürger« gerichtet und befaßte sich vor-
nehmlich mit konstitutionellen Fragen des Großherzogtums, denn er
schloß damals noch den »Pöbel«, vor dessen Herrschaft er den Feuerkopf
Büchner warnen zu müssen meinte, als Adressaten aus. – Zur Wirkungsgeschichte vgl. Wolfgang Promies, »Der *Hessische Landbote*. Reflexionen
über einen ungemeinen Mythos«, in: *Büchner – Zeit, Geist, Zeitgenossen*
(THD-Schriftenreihe Wissenschaft und Technik, 46), Frankfurt a. M. 1989,
S. 101–103.

Friedrich Ludwig Weidig. Lithographie, nach 1840

mal sie geeignet waren, das Recht der Herrschenden durch
göttliches Recht zu relativieren oder im Widerspruch dazu
zu zeigen. Zwar ist religiöse Einfärbung ein Merkmal von
Weidigs Text, aber auch Büchner rührt die religiöse Trom-
mel und versetzt seine Aufforderung, das Joch der Fürsten-
herrschaft abzuschütteln, reichlich mit Bibelworten. Unter
den etwa 80 biblischen Anspielungen überwiegen bei denen

Büchnerscher Herkunft die aufs Alte Testament. Entsprechend dem heilsgeschichtlich-triadischen Muster der von
Weidig ausgewählten Bibelstellen »legitimierte [dieser] das
auch für ihn im wesentlichen sozial und politisch begrün-
dete Widerstandsrecht gegen die ›Ungleichheit‹ als die ›Ur-
sünde‹ spezifisch theologisch bzw. häretisch [. . .], leitete
[aber] den Erfolg des Widerstands als notwendige, heilsge-
schichtliche Erfüllung einer romantisch-geschichtsphiloso-
phischen Triade ab und bestimmte die Zukunft als ein repu-
blikanisches ›Paradies‹«[22]. Trotz Büchners Entsetzen über
das Fait accompli von Weidigs Bearbeitung, worüber es bei-
nahe zum Bruch gekommen wäre, ist wohl anzunehmen,
daß man sich dahingehend abgesprochen hatte, den *Landboten* von Büchner verfassen und von Weidig redigieren zu
lassen. Politische Meinungsverschiedenheiten zwischen beiden gab es hinsichtlich des Wahlrechts, wobei Büchner dem
amerikanischen Modell des allgemeinen und gleichen Wahlrechts (»one man, one vote«), Weidig aber einer Zensuswahl
»mündiger« Bürger, d. h. einem auf Besitz gegründeten
Wahlrecht, zuneigte.[23] Der vorhandene Text spiegelt Büchners Ansichten in verkürzter, Weidigs Meinung dagegen in
vollständiger Form.
Um dem Volk bewußtzumachen, wo und warum es der
Schuh drückt, verbindet Büchner agitatorische Rhetorik mit
statistischen Angaben über die Finanzen im Großherzogtum zum Beweis wirtschaftlicher Ausbeutung. 700 000 Pro-
duzenten stehen danach 10 000 »Pressern« gegenüber, und
so etwa verhalte es sich auch im übrigen Deutschland.[24]
Dafür waren die steuerzahlenden Bauern mit ihrer »nie-
derträchtigen Gesinnung« (Büchner) aufnahmefähig. War

---

22 Thomas Michael Mayer, »Die ›Gesellschaft der Menschenrechte‹ und *Der
    Hessische Landbote*«, in: *Kat D*, S. 168–186, hier S. 177.
23 Weidig befürwortete schließlich den Umsturz mit Hilfe des Vierten Stan-
    des zwecks Herbeiführung einer gerechten sozialen Ordnung. Vgl. Hau-
    schild (Anm. 8), S. 312 f.
24 Zu den 700 000 zählen nicht die Lohnarbeiter wie Tagelöhner, Dienstboten
    und Handarbeiter, an die Büchner sich ebenfalls wandte; »mit 13,40 % der

gleich die Zeit, wie Büchner 1835 an seinen Bruder Wilhelm
schrieb, für die Revolution noch nicht reif, so daß »[j]eder,
der *im Augenblicke* sich aufopfert, seine Haut wie ein Narr
zu Markte trägt« (MA, Nr. 40), so war und blieb es doch das
Ziel der Verschwörer, »die materiellen Interessen des Volks
mit denen der Revolution zu vereinen, als dem einzigen
möglichen Weg, die letztere zu bewerkstelligen«.[25]
Das Motto der Schrift ist Büchners der die »babouvistische
Formel vom ›Krieg der Reichen gegen die Armen‹«[26] um-
kehrende Wahlspruch, den Nicolas Chamfort dem Revolu-
tionsheer verliehen hatte: »Friede den Hütten! Krieg den
Palästen!« Ihre zu ›Darmstadt, im Juli 1834‹ gegebene »Erste Botschaft« deutet auf kommende Botschaften. Laut Vorbericht soll sie »dem hessischen Lande die Wahrheit mel-
den«. Den Empfängern legt dessen Verfasser Weidig fünf
Vorsichtsmaßregeln gegen Bestrafungen ans Herz für den
Fall, daß die Polizei sie im Besitz der Flugschrift antreffe.
Die vierte und fünfte fordern dazu auf, wenn nötig die Behörden hinters Licht zu führen, denn »wer das Blatt nicht
gelesen hat, wenn man es bei ihm findet, der ist natürlich
ohne Schuld« (6) – was entgegen dem Anschein kaum für
ein fortgeschrittenes konspiratorisches Bewußtsein spricht!
Der Klassengegensatz ist mit der Ersetzung der ›Reichen‹
durch die ›Vornehmen‹ keineswegs aufgegeben, sondern
tritt in der Kampfansage gegen die »Fürsten und Vornehmen« (6) als Tenor von Büchners Agitation hervor. »Das
Leben der Vornehmen ist ein langer Sonntag (6) [. . .]. Das
Leben des Bauern ist ein langer Werktag [. . .], sein Schweiß
ist das Salz auf dem Tische des Vornehmen« (8), so lautet
dementsprechend der häufig zitierte Eingang. Unterbaut ist

Gesamtbevölkerung [lagen] sie nur wenig unter der Quote aller Selbständigen und höheren Beamten (14,58 %)« (Mayer, Anm. 2, S. 25).
25 Zitiert nach Hauschild (Anm. 8), S. 29.
26 Hans-Joachim Rückhäberle, *Flugschriftenliteratur im historischen Umkreis
Georg Büchners,* Kronberg i. Ts. 1975 (Skripten Literaturwissenschaft, 16),
S. 225.

sie mit den schon erwähnten statistischen Angaben,[27] die
darauf hinauslaufen, dem Großherzogtum den Anspruch,
es sei eine staatliche Rechtsordnung, streitig zu machen:
Dort bluten 700 000 Menschen mit über 6 Millionen Gulden an Abgaben für die Erhaltung der Regierung, d. h. des
Großherzogs und seiner Beamten, von den Staatsräten bis
hinunter zu den Sekretären, deren es bedarf, die Herrschenden im Sattel zu halten und das Volk zu knechten. Der
Staat, der *alle* umfassen und dessen *Ordner* die Gesetze sein
sollten, wird hier von den Regierenden, die sich von den
steuerzahlenden Untertanen »füttern lassen und [deren]
Menschen- und Bürgerrechte rauben« (10), als Pfründe
mißbraucht.
Der Zweck der Flugschrift war Volksagitation mittels Auf-
klärung. Das Großherzogtum gehörte mit seinen etwa
700 000 Einwohnern auf 8 200 Quadratkilometern zu den
am dichtesten besiedelten und – nach dem Aderlaß der Na-
poleonischen Kriege, den Mißernten von 1816/17 und dem
Preisverfall in der Agrarkrise 1818–25 in diesem immer
noch zu einem beträchtlichen Teil auf Agrarwirtschaft ange-
wiesenen Staat (zwischen 50 % und 60 % der Beschäftigten
waren in der Landwirtschaft tätig) – ärmsten Gebieten
Deutschlands und war »[e]ine bis zur Mitte des 19. Jahrhunderts im Mittelalter steckengebliebene Landschaft«.[28] So
kam es 1830 zu der Hungerrevolte Vogelsberger Bauern mit
dem im *Landboten* erwähnten Blutbad von Södel, bei dem
die unbewaffneten Bauern von den großherzoglichen Trup-
pen massakriert wurden. 1833 ereignete sich der »Frankfurter Wachensturm«, den Weidig organisieren half und der

27 Nach Georg W. J. Wagner, *Allgemeine Statistik des Großherzogtums Hessen*, Darmstadt 1831, S. 69, von Weidig an Büchner Januar/Februar 1834
ausgeliehen. Dessen Angaben »weichen mehrfach von seiner Quelle ab; in
den meisten Fällen lassen sich jedoch Nachlässigkeit oder Rechenfehler
nachweisen« (MA, 464).
28 Michael Keller, »Weder Stand noch Klasse – Zur Veränderung der ländlichen Welt im oberhessischen Verbreitungsgebiet des *Hessischen Landboten*«, in: *Kat D*, S. 156–167, hier S. 156.

mit der Verhaftung der Rebellen, unter denen auch die späteren Mitarbeiter am *Landboten* Clemm und Schütz waren, endete. Obwohl der Großherzog 1820 dem Land eine Verfassung mit den Landständen als Volksvertretung und allgemeinem Wahlrecht gewährt hatte, sorgte das tatsächliche Zensuswahlsystem für die fortgesetzte Entmündigung der plebejischen Massen. Anders als bei Weidig, der im Fürsten und in einzelnen Willkürakten unfähiger Staatsbeamter die Quelle des Übels sah, war es das System des staatlich gelenkten Raubs geistiger und materieller Güter, das Büchner bekämpfen wollte. Dazu schreibt Thomas Michael Mayer: »Büchners Entwurf muß zumal im Abschnitt über die ›Landstände‹ die liberale, konstitutionelle Opposition nicht nur als wirkungslos, sondern als eine allein auf den ökonomischen Vorteil als Klasse bedachte, insofern am Beispiel Frankreichs als die künftig herrschende ›Geldaristokratie‹ porträtiert haben.« Nach der durch seine Briefe gestützten Aussage Beckers hielt es Büchner »als Ausgangsbasis einer ›durchgreifenden‹, sozialen Revolution für günstiger, ›in den gegenwärtigen Verhältnissen fortzuleben, als eine Partei zu unterstützen, die bei ihren liberalen Bemühungen nur ihre eigenen egoistischen Zwecke im Auge habe und dazu nicht einmal Verstand genug, sie durchzusetzen‹‹«.[29] Dies war die Ausgangslage des Unternehmens, mit einer Flugschrift in bewährter französischer Tradition die politische Landschaft im Großherzogtum und danach im übrigen Deutschland zu verändern.

Um die Agitation anzuheizen, wird die statistische Aufgliederung der jährlichen Abgaben (8) zu Beginn des Flugblattes mit auf den Gulden genauen Einzelposten für die jeweiligen Ministerien und Ämter belegt und kommentiert: »Für das Ministerium des Innern und der Gerechtigkeitspflege werden bezahlt 1,110,607 Gulden«, d. h. für einen »Wust

29 Mayer (Anm. 22), S. 176 f.

von Gesetzen, zusammengehäuft aus willkürlichen Verord-
nungen aller Jahrhunderte, meist geschrieben in einer fremden Sprache«, um einer staatlichen Ordnung willen, die es
dem großherzoglichen Regiment ermöglicht, das hungernde
und zahlende Volk ungestraft zu schinden. Die Gesetze
sind willkürlich, »Eigentum einer unbedeutenden Klasse
von Vornehmen und Gelehrten, die sich durch ihr eigenes
Machwerk die Herrschaft zuspricht« (10). Recht besteht nur
auf dem Papier, und die Rechtsprechung wird zum Possen-
spiel, da sie Mundraub als Diebstahl bestraft, dagegen Raub
an Arbeit und Recht sanktioniert. – »Für das Ministerium
der Finanzen 1,551,502 fl.« (12), um das Heer von Beamten
zu besolden, das an Steuern aus dem Volk herauspreßt, was
dieses gerade noch verkraften kann. – »Für das Militär wird
bezahlt 914,820 Gulden«, d. h. für »die gesetzlichen Mörder,
welche die gesetzlichen Räuber schützen« – »Für die Pen-
sionen 480,000 Gulden« zum Lohn für die Handlanger-
dienste der Beamten. – »Für das Staatsministerium und den
Staatsrat 174,600 Gulden« (14), obwohl doch alle, Minister
wie Höflinge, nur Drahtpuppen sind, von denen eine die
andere zieht. – Allein »für das großherzogliche Haus und
den Hofstaat 827,772 Gulden« (16). Dieser Posten rundet
die Bloßstellung der Blutsauger ab und leitet zu dem Haupt
der Verschwörung gegen das eigene Volk, dem Großherzog
Ludwig, über, der wie ein absoluter Herrscher gebieten
kann, da er in den Staatsbeamten über willfährige Werk-
zeuge verfügt. »Ludwig von Gottes Gnaden« (16) ist, urteilt man der Natur gemäß, zwar auch nur ein armseliges
Menschenkind wie alle, dabei jedoch ein göttliches wie
menschliches Recht mißachtender Usurpator der staatlichen
Macht. »Der Fürst ist der Kopf des Blutigels [= hessisch für
›Blutegel‹], der über euch hinkriecht, die Minister sind seine
Zähne und die Beamten sein Schwanz« (18). Diese Rech-
nungslegung macht deutlich, daß die Ausbeuter nicht auf
Hof und Aristokratie beschränkt sind, sondern mit ihren
Vollziehern, den großen und kleinen Beamten, ins bürgerli-

che Lager hineinreichen, und daß ihre Opfer hauptsächlich in den subbürgerlichen Schichten zu finden sind.

Von hier an übernimmt Weidigs Umgestaltung die Führung.[30] Klingt in der ersten Hälfte Rousseaus »Gesellschaftsvertrag« mit der naturrechtlichen Idee von der Gleichheit und der Repräsentation des einzelnen durch den Gesamtwillen Staat nur an, so veranschaulicht der Exkurs über die von der 1789er Revolution geprägte französische Gesellschaft die republikanische Zweckbestimmung des Staates anhand eines Abbilds zeitgenössischer Wirklichkeit. Daß sich darin der König nach dem Wort Friedrichs des Großen, anders als die Bourbonen, nicht mit dem Staat gleichsetzt, sondern als dessen erster Diener bestimmt, deutet auf Weidig als Urheber dieses Passus. Im Unterschied zu Weidigs gesellschaftspolitischer Ansicht, nach der die neue Gesellschaft die aufgeklärte Staatsidee zu verkörpern habe, soll die von Büchner anvisierte Ideen eines »Frühkommunismus«[31] verwirklichen. Über »die Rechte des Menschen« heißt es in diesem Zusammenhang: »Die höchste Gewalt ist in dem Willen Aller oder der Mehrzahl. Dieser Wille ist das Gesetz, er thut sich kund durch die Landstände oder die Vertreter des Volks, sie werden von Allen gewählt, und Jeder kann gewählt werden«, da »jedes Volk nach der Vernunft und der heiligen Schrift das Recht hat« (22), seine Obrigkeit zu wählen und zu stürzen. Der Exkurs zur französischen Revolution führt aus: Als die Reaktion von innen und von außen den »Freistaat Frankreich« bedrohte, erhob sich das Volk und erkämpfte sich die Freiheit, gab die im »Blut der Tyrannen« gewachsene Freiheit aber dann unter Napoleon für den »Ruhm« wieder preis, sah folglich die

---

30 Vgl. Mayer (Anm. 2), S. 183–287. Den Herausgebern von MA geht dessen These, die zweite Hälfte des Textes deute »auf ein integrales Manuskript Weidigs«, zu weit; sie schreiben Büchner nicht nur punktuelle Anwesenheit darin, sondern längere Exkurse wie die zur nachrevolutionären Epoche in Frankreich und Deutschland zu. Vgl. MA,448 ff.

31 Vgl. Mayer (Anm. 2), S. 16–158.

»dickwanstigen Bourbonen« (24) auf den Thron zurück-
kehren, bis es dank der vollen Unterstützung durch seinen
nichtaristokratischen Teil ihnen die Macht wieder entwand,
nur um erleben zu müssen, daß sich nach der Juli-Revolution unter dem »Bürgerkönig«, dem »Heuchler« Louis
Philippe, die Bourgeoisie als mächtigste Klasse im Staat eta-
blierte. – Die Landstände, ein Zugeständnis der bedrängten
deutschen Fürsten ans Volk, dazu bestimmt, dieses mit
»Wahlgesetzen«, die »[n]ichts als Verletzungen der Bürger-
und Menschenrechte der meisten Deutschen« (26) sind
(denn Besitz entscheidet über aktives sowie passives Wahlrecht), im Zaume zu halten, erfordern 16 000 Gulden zu ihrer Finanzierung. Mit dem Leitmotiv des »Ihr seyd nichts,
ihr habt nichts! Ihr seyd rechtlos« (34) sowie der Mahnung
an die revolutionäre Stärke der 700 000 gegenüber den vielleicht 10 000 »Pressern« klingt nur scheinbar Originalton
Büchner in dem von Weidigs religiöser Heilserwartung ge-
tönten Schlußtableau wieder an. Wie in Hessen stehe es im
übrigen Deutschland, »jetzt ein Leichenfeld, bald [...] ein
Paradies«, gemäß Weidigs revolutionärer Zuversicht, daß
die Erhebung einer seiner Glieder die »Auferstehung« des
»ganze[n] Leib[es]« (36) zur Folge haben werde. Die Ver-
heißung des Paradieses aus Büchners Feder würde schlecht
zu seiner sonstigen Militanz und Realistik passen. Hier liegt
jedoch, was die schärfere Tonart betrifft, ein Einschwenken
Weidigs auf die Büchners vor, zumal auch er der Meinung
Büchners war – die er sich zu äußern aus den oben erwähnten Gründen hütete –, ohne Anwendung von revolutionärer
Gewalt lasse sich an den hessischen Zuständen nichts än-
dern.[32]

»Der *Hessische Landbote*«, schreibt Walter Grab, »das wich-
tigste sozialrevolutionäre Manifest des Vormärz, entstand an
einem historischen Wendepunkt der ökonomischen Entwicklung, am Ende der absterbenden Ständeordnung und

32 Vgl. Mayer (Anm. 2), S. 228 ff. und S. 273 ff.

zu Beginn der entstehenden Klassengesellschaft.«[33] Explizit
läßt der *Landbote* nichts Konkretes über die angestrebte
Gesellschaft verlauten. Aus Clemms Eingabe an den Großherzog vom 22. Mai 1835 ist aber dazu aktenkundig geworden, man habe in der Gießener »Gesellschaft der Menschenrechte« »[a]lles Vermögen [zu] Gemeingut« erklärt.[34] Diese
Aussage, wenn auch die eines Verräters, erscheint glaubwür-
dig, denn der Gedanke einer Vergesellschaftung des Eigen-
tums und der Produktionsmittel liegt zu sehr auf der Linie
dessen, was zwischen den Zeilen des Büchnerschen Textes
steht, und deckt sich zu sehr mit Büchners Überzeugung,
»das Verhältnis zwischen Armen und Reichen [sei] das einzig revolutionäre Element in der Welt« (an Gutzkow, im
Juli 1835, L II, 441), als daß man Clemms Zeugnis damit
abtun könnte, es sei das eines Milde erheischenden Denun-
zianten, zumal das Motto der Flugschrift auch in diese
Richtung weist. Angesichts der Probleme, denen man sich
heute in der Welt gegenübersieht, gewinnt dieser Befund
Büchners erneute Aktualität.

> Das Picken der Totenuhr in unserer Brust ist
> langsam, und jeder Tropfen Blut mißt seine Zeit.
>
> *Leonce und Lena*

Dantons Tod. Drama. Büchner begann mit der Reinschrift des *Danton* im Januar 1835 in Darmstadt und schloß
am 21. Februar die Arbeit am Drama ab. Dafür hatte er sich
folgende Quellenwerke beschafft: L. S. Mercier, *Le nouveau
Paris*, Paris 1799, L. A. Thiers, *Histoire de la Revolution
Française*, Paris 1823/24, F. A. M. Mignet, *Histoire de la Revolution Française*, Paris 1824, und C. Strahlheim, *Die Ge-*

33 Walter Grab, »Georg Büchners *Hessischer Landbote* im Kontext deutscher
     Revolutionsaufrufe 1791–1848«, in: *ZIBS*, S. 65–83, hier S. 78.
34 Zitiert nach Mayer (Anm. 6), S. 25, der ebd. weitere Belege für Büchners
     »Frühkommunismus« bringt.

schichte Unserer Zeit, Stuttgart 1826–30. Erhalten sind eine
vollständige Handschrift, der ausschnittweise Vorabdruck
im *Phönix* vom 26. März bis 7. April 1835, der Erstdruck
1835 bei Sauerländer in Frankfurt a. M. mit Änderung der
anstößigen Stellen (s. Brief an die Familie, MA, Nr. 45) sowie zwei Exemplare davon mit Bleistiftkorrekturen Büchners.
Vier Akte vergegenwärtigen in 32 Szenen die neun Tage vor
der Hinrichtung der Dantonisten am 5. April 1794, denn die
Handlung setzt wohl erst am 28. März ein.[35] Robespierre
betreibt die Beseitigung Dantons und seiner Anhänger; in
St. Just besitzt er das dazu nötige Werkzeug. Statt zu handeln, reagiert Danton nur noch auf die Initiativen seiner
Gegner. Der Konflikt entlädt sich in Rededuellen mit Robespierre, aus denen der dialektisch gewandtere Danton als
der moralisch Überlegene hervorgeht; dabei kommt es ihm
weniger aufs Überleben als auf den geistigen und rhetori-
schen Triumph an. Er unterliegt schließlich, weil er zu arg-
los, zu selbstbewußt, zu träg und zu desillusioniert ist, als
daß er die »Hure« Leben einer aufwendigen Verteidigung
noch für wert halten könnte. Weit mehr als Robespierres
Macht, die augenblicks in Ohnmacht umschlagen kann, entscheidet also Dantons Passivität sein Geschick. Auch liefert
er sich dadurch seinem Gegner aus, daß er ihn nicht nieder-
zwingen, sondern ihm seine Verachtung ins Gesicht schleu-
dern will. Dantons »[n]ach einigem Besinnen« gesprochenes
»Doch, sie werden's nicht wagen« (22), das er im Verlauf
des Dramas zweimal wiederholt, wird als dramatischer Vor-
behalt konterkariert durch Lacroix' witzige Bemerkung,
die Mirabeaus Wort über Robespierre, er werde es weit
bringen, denn er glaube, was er sage, umkehrt. Lacroix
meint, Danton glaube »kein Wort von dem, was er gesagt

---

35 Statt, wie seither angenommen, am 24.; vgl. Herbert Wender, »8.1 Das
›Heute‹ des Dramenbeginns«, in: H. W., *Georg Büchners Bild der Großen
Revolution: Zu den Quellen von »Dantons Tod«*, Frankfurt a. M. 1988,
S. 211 f.

hat« (31). Als Rettung bleibt ihm lediglich die Rechtfertigung vor dem Revolutionstribunal, doch die hat wegen
dessen Zusammensetzung aus willfährigen Werkzeugen
Robespierres und des Wankelmuts der Deputierten des
Nationalkonvents und des Volks kaum Aussicht auf Erfolg.
Den gelegentlichen Beifall, den Danton mit seiner Rede bei
den Abgeordneten erntet (63), übertönt der Ruf aller: »Es
lebe Robespierre! Nieder mit Danton! Nieder mit dem Verräter« (64); das macht seine Worte irrelevant und bestimmt
zugleich den Erwartungshorizont des Lesers.

Der von dem Redakteur des *Phönix*, Duller, stammende
»merkantile« Untertitel »Dramatische Bilder aus Frankreichs Schreckensherrschaft«, den Büchner als »abge-
schmackt« empfand und den Gutzkow in seinem Nachruf
auf Büchner eigens desavouierte, war wohl als Leseanreiz
und – allerdings vergebliche – Ablenkung von der politischen Fährte gedacht. Der reißerische Zusatz konnte hingegen mit seiner Formulierung »Bilder« der vielgeäußerten
These von der ›offenen Form‹ des Dramas, das im besonde-
ren von Schillers »schmaler Linie« bei der Schürzung und
Auflösung des dramatischen Knotens abweicht, Vorschub
leisten. Mißt man das Drama an den klassischen Regeln der
Gattung, dann hat Friedrich Gundolfs Behauptung, es er-
setze Handlung und Charaktere durch Stimmungen und re-
duziere die Nebenpersonen darauf, Funktion dieser Stimmungen zu sein, auch einiges für sich. Doch birgt das Stück
nicht nur dramatische Momente in Dantons Gespräch mit
Robespierre (I,6) und seinen beiden Reden vor dem Revolutionstribunal (III,4,9), sondern es hat auch eine gerade,
auf einen Punkt ausgerichtete Entwicklung: Befreit von
dem einen Gegner, Hébert, benutzt Robespierre seine Stellung als Haupt der mächtiger werdenden Jakobiner und des
Wohlfahrtsausschusses, den anderen, der zwischen ihm und
der Alleinherrschaft steht, vor dem Volk und dem Revolutionstribunal als Verräter an der guten Sache der Revolution

zu brandmarken, so daß er ihn der ›revolutionären Gerech-
tigkeit‹, sprich: der Guillotine, überantworten kann. Trotz
Abkehr von der klassischen Tektonik einer »steigenden«
und »fallenden« Handlung ist das Drama auf den Tod Dantons hin komponiert und insofern ›geschlossen‹. Wie der
Tod als Leitmotiv durch alle Szenen geistert und sie zuneh-
mend dunkler grundiert, so sind die Bilder allein schon
durch die Einheit der Stimmung verbunden, ganz zu
schweigen von der Verzahnung der Szenen ineinander. Stei-
gende Todeserwartung bildet mit ihrem Sog zum Ende hin
die dramatische Spannung. Dem Gang der Handlung ent-
behrliche Szenen wie die Vergegenwärtigung der privaten
Sphäre Dantons und Camilles, die Julies und Lucilies ›Liebestod‹ als Unterthema einführt, sorgen darin für Zäsuren.[36]
Zusammen mit den komischen Einsprengseln lenken sie
von der unter den Dantonisten grassierenden Todesmelan-
cholie ab und bilden auch ein Gegengewicht zur sonst allbe-
herrschenden politischen Thematik.
Der erste Akt sei wegen der Exposition und als Beispiel
für die Verklammerung der Szenen miteinander Szene für
Szene referiert.
1. Szene: Umgeben von Freunden, Anhängern und seiner
Frau Julie erhält Danton die Nachricht von weiteren Hin-
richtungen auf Beschluß des Wohlfahrtsausschusses, bei
dessen Zehnerrat, den »Dezemvirn«, die Regierungsgewalt
liegt. Von den jetzt tonangebenden Jakobinern werden
Robespierre, Anhänger von Rousseaus Staats- und Gesell-

---

36 Friedrich Sengle, *Biedermeierzeit. Deutsche Literatur im Spannungsfeld
   zwischen Restauration und Revolution 1815–1848*, Stuttgart 1980, S. 306,
   sieht darin Büchners persönliches Bekenntnis zum »Liebesprinzip«, das
   sich um so deutlicher ausspreche, als sich der Autor sonst rein »darstel-
   lend«, d. h. ohne Partei zu ergreifen, zu seinem Sujet verhalte. Michael Voges, »*Dantons Tod*«, in: *Int*, S. 7–61, hier S. 13, schreibt dazu: »Die Negati-
   vität des Dramas wird tendenziell durchbrochen in einer Sphäre, die als
   private und intime der geschichtlichen Sphäre politischen Handelns diame-
   tral gegenübersteht. Im Angesicht des Todes [...] scheint [...] die Aufhe-
   bung von Entfremdung und Isolation möglich.«

schaftslehre, sein Gefolgsmann St. Just sowie der »Heilige« der Revolution, Marat, der zusammen mit Danton maßgeblich an den Septembermorden von 1792 beteiligt war, im Gespräch der Dantonisten von ihrer sowohl komischen als auch gefährlichen Seite vorgestellt. Das Thema der Septembermorde, bei denen 1100–1400 ›Feinde der Revolution‹ in den Gefängnissen abgeschlachtet wurden, zieht sich als roter Faden durch das Stück. Sie markieren den Beginn der Schreckensherrschaft, indem sie die »terreur« als Mittel zur Vollendung der Revolution sanktionieren. Mit der Erkenntnis ihrer Mitschuld daran reift in den Dantonisten der Entschluß, das Schreckensregiment einer permanenten Revolution durch eine rechtsstaatliche Republik zu beenden. Camille ersieht den charismatischen Volksredner Danton zum Sprecher für die nötigen Reformen aus. Er soll den Gnadenausschuß im Konvent und die Wiederaufnahme der ausgestoßenen Girondisten durchsetzen, und gemäß Héraults und Camilles antispiritualistischem, sensualistisch getöntem Konzept sollen »Recht an die Stelle der Pflicht, das Wohlbefinden an die der Tugend und die Notwehr an die der Strafe treten«. »Der göttliche Epikur und die Venus mit dem schönen Hintern müssen statt der Heiligen Marat und Chalier die Türsteher der Republik werden« (7 f.). Danton enttäuscht seine Freunde aber mit dem Bekenntnis, daß ihn sein Naturell, nicht die Aussicht auf ein ihm fragwürdiges Gelingen all der »schönen Dinge«, zum Gegner der »gespreizte[n] Katonen« gemacht habe, und warnt, der Kampf, an dem er sich, wie Hérault meint, »zum Zeitvertreib, wie man Schach spielt« (8), beteiligen werde, könne sie alle den Kopf kosten.
2. Szene: Eine Gasse: Nicht weniger als die Dantonisten ist die ›Straße‹ vom Verlauf der Revolution unbefriedigt. Ihre Unzufriedenheit und die Not der elenden Masse sind nach Lacroix', des kühlen Kommentators, Worten (I,5), die Büchner im Brief an Gutzkow 1836 (L II,455) zitiert, ein

gewaltiges revolutionäres Potential.[37] Die Haltung des
Volks bestätigt Dantons Skepsis. Obwohl es weiß, daß die
Anführer der Revolution es um seinen Lohn betrogen haben, ist es noch in platter Revolutionsdogmatik befangen.
Dem erst geschmähten Volkstribunen Robespierre gelingt
es mit dem Versprechen neuen Blutgerichts an den Feinden
der Revolution und plumpen Schmeicheleien, sich das Volk,
dem der Dritte Bürger die Augen für die fadenscheinige
Rhetorik der »terreur« hätte öffnen können, wieder gefügig
zu machen (12). Es erscheint deshalb ›schwankend‹. Der Erste Bürger – der auch die Sprache des *Landboten* beherrscht
und beherzigt – hält der demagogischen Phrase Robespierres vom »Gesetz« als dem »Wille[n] des Volks« (12), das er
sichtlich für seine Machtpolitik mißbraucht, die Losung
»Wir sind das Volk« entgegen. Im *Landboten* ist dieser von
Robespierre zitierte »Wille des Volks« ausdrücklich als »die
Gesetze« definiert, »durch welche das Wohl *Aller* gesichert
wird, und die aus dem Wohle *Aller* hervorgehen sollen«
(8)[38]. Der Dritte Bürger rückt mit seiner Kritik am jakobinischen Establishment heraus, indem er mit volksredneri-
schem Geschick das »sie« gegen das »wir« absetzt. Zuletzt
fordert er gar überdeutlich: »Aber sie haben die Toten aus-
gezogen, und wir laufen wie zuvor auf nackten Beinen und
frieren. [. . .] Fort! Totgeschlagen, wer kein Loch im Rock

37 Gerhard P. Knapp, *Georg Büchner*, Stuttgart 1984, S. 24, geht aber mit der
Behauptung zu weit, das Volk sei »als gleichberechtigte Figur ins Spielge-
schehen eingebracht«. Zwar ist es der konventionellen Rolle dadurch ent-
hoben, daß sein Elend und Hunger Dantons Gegnerschaft gegenüber Robespierre mitmotivieren, doch ist eine mögliche Schlüsselstellung durch
Wankelmut und Manipulierbarkeit, die auch hier verwendeten Versatz-
stücke konventioneller Volksdarstellung, beeinträchtigt. Bohn (Anm. 2),
S. 113, folgert zu Recht, daß des Volkes »Manipulation durch die Robes-
pierre-Fraktion fast das einzig vorwärtstreibende, im klassischen Sinne
handlungsfördernde Moment des Dramas« sei.
38 Vermutlich Druckfehler für »Willen *Aller* hervorgehen«, vgl. Georg Büchner / Friedrich Ludwig Weidig, *Der Hessische Landbote*, Studienausgabe,
hrsg. von Gerhard Schaub, Stuttgart 1996 (Reclams Universal-Bibliothek,
9486), S. 50.

hat!« (11), was Robespierre mit seiner sprichwörtlich reinen Weste einzuschließen scheint. Die Szene stellt Robespierre gleich zu Anfang in ein fragwürdiges Licht: »Ein Weib« ist sein Herold, und Weiber, die »zu Hyänen« werden, spielen in dem von Schillers *Glocke* geprägten Revolutionsmythos eine unrühmliche Rolle. Die Zeichnung des Volkes in Shakespeare-Manier täuscht nicht und soll nicht darüber hinwegtäuschen, daß die beiden Bürger die Wahrheit sagen und daß das in dieser Szene eingefangene Elend der Masse die Wirklichkeit ungeschminkt wiedergibt.

3. Szene: Der Jakobinerklub: Obwohl der Lyoner Aufstand sie aufgeschreckt hat, vertrauen die Jakobiner noch immer auf die alten Rezepte zur Krisenbewältigung. Der Bericht des Lyoners über die Niederschlagung der Konterrevolution, Robespierres Hinweis auf die mit Tacitus-Zitaten gespickte Attacke auf ihn in Camille Desmoulins' Zeitung *Le vieux Cordelier* (16) und die sich anbahnende Fehde seiner Faktion gegen die Dantons komplettieren die Exposition. Robespierre erklärt die Fortsetzung der Revolution zum moralischen und politischen Gebot der Stunde, jetzt, da die Hébertisten, die Gott (!) und das Eigentum (!) abschaffen wollten, zerschlagen seien. In einer Tugendsuada nimmt er seinen Intimfeind Danton aufs Korn, den er aufgrund seines Naturells als unversöhnlichen und seines Charismas wegen als einzig noch zu fürchtenden Gegner weiß. Robespierre sieht sich als »Arm des Volkes« (16), während doch seine Form der Revolution das Elend, dessen Zeuge man eben geworden ist, verursacht hat. Dem Bestreben der Dantonisten, den Gnadenausschuß zu aktivieren, begegnet er mit ihrer Diffamierung als lasterhafte Schwächlinge, die die Rückkehr der Monarchie betrieben, und pocht auf seine Staatsauffassung als Bollwerk gegen die Reaktion: »Die Waffe der Republik ist der Schrecken, die Kraft der Republik ist die Tugend – [. . .]. Der Schrecken ist ein Ausfluß der Tugend [. . .]. Die Revolutionsregierung ist der Despotismus der Freiheit gegen die Tyrannei« (15).

4. Szene: Eine Gasse: Lacroix beweist dem etwas begriffsstutzigen und mit beiden Lagern liierten Legendre, daß Robespierres Angst vor der Gegenrevolution in Wahrheit Angst vor dem Volk ist – einem »Minotaurus, der wöchentlich seine Leichen haben muß, wenn er sie [die Dezemvirn] nicht auffressen soll« (18). Er demonstriert damit, wie Robespierre Dantons Septembermorde mit dem als Verteidigung der Republik getarnten, aber leicht durchschaubaren Manöver, die eigene Macht zu erhalten und totalitär auszuweiten, travestiert.

5. Szene: Das trauliche Beieinander Dantons und seiner Freunde mit den Grisetten vom Palais Royal veranschaulicht das Bild, das Robespierre von dem »Laster« im Jakobinerklub entworfen hat. Marion bekennt sich wie ihr Freund Danton zu ihrem Naturell mit dem sensualistischen Credo: »wer am meisten genießt, betet am meisten« (20). Wie Lacroix Danton über die Sitzung im Jakobinerklub, so unterrichtet Paris ihn von seiner Unterredung mit Robespierre und dessen Entschluß, sich Dantons im Namen revolutionärer Notwendigkeit, die auch den Freund nicht schonen dürfe, zu entledigen. Danton kommentiert das Gehörte mit der von dem Girondisten Vergniaud überlieferten Redensart »[D]ie Revolution ist wie Saturn, sie frißt ihre eignen Kinder« (22).[39] Lacroix raubt ihm die Illusion seiner Unantastbarkeit, in der er sich wiegt, um nicht handeln zu müssen und sich dem Genuß des Augenblicks ungestört überlassen zu können, obwohl er um Robespierres und des Volkes Haß auf ihn und die Gründe dafür weiß (»Es haßt die Genießenden wie ein Eunuch die Männer«, 23).

6. Szene: Ein Zimmer: Der Illustrierung folgt die Inszenierung des Gegensatzes Danton – Robespierre auf dem Fuße.

---

39 Reddick (Anm. 16), S. 122 ff., sieht darin nur eine Pose Dantons, mit der er sich in Dingen praktischer Politik salvieren und seine Trägheit rationalisieren möchte. Er kenne ja die hoffnungslose Konstellation, daß alle maßgebenden politischen Kräfte (Jakobiner, Konvent, Pariser Kommune, Cordeliers) auf seiten Robespierres seien.

Politisch gesehen kommt es zum Konflikt wegen ihrer un-
vereinbaren Auffassungen revolutionären Handelns. Robespierres Behauptung, die Fortsetzung der Revolution gelte
ihrer sozialen Vollendung, unterminiert Danton mit der
Frage, ob nichts in ihm sei, was ihm »manchmal ganz leise,
heimlich sagte: du lügst, du lügst!« (24), und indem er ihn
belehrt, es gebe »nur Epikureer, und zwar grobe und feine
[. . .]. Jeder [. . .] tut, was ihm wohltut« (25). Dantons Sar-
kasmus, Robespierre dürfe das Laster »nicht proskribieren«,
er sei »ihm zu viel schuldig, durch den Kontrast nämlich«,[40]
und sein Bestehen darauf, daß Töten ohne Notwehr Mord
an Unschuldigen sei, bewirken bei Robespierre einen vor-
übergehenden Selbstzweifel (»Ich weiß nicht, was in mir das
andere belügt«). In Dantonscher Hellsicht findet er »[d]ie
Sünde im Gedanken. Ob der Gedanke Tat wird, ob ihn der
Körper nachspielt, das ist Zufall« (26). Mit der Mahnung,
Danton drohe, zu populär zu werden, und der Andeutung,
das Eisen sei mit seiner Rede im Jakobinerklub geschmiedet,
liefert St. Just Robespierre sowohl Vorwand als auch Grund
zu raschem Handeln. In Marinelli-Manier hakt er genüßlich
die zu köpfenden Gegner ab. Er spielt ihm Camilles Artikel
gegen den »Blutmessias« Robespierre als Beweis für dessen
Verrat zu. Dieser wertet ihn zu einem Spiegel seines Inneren
auf, wenn er sich bei seiner Lektüre einbekennt: »Jawohl,
Blutmessias, der opfert und nicht geopfert wird« und ichbe-
zogen fortfährt: »Er hat sie mit seinem Blut erlöst, und ich
erlöse sie mit ihrem eignen. [. . .] Er hatte die Wollust des
Schmerzes, und ich habe die Qual des Henkers. Wer hat sich
mehr verleugnet, ich oder er?« (28)

Der zweite Akt führt tiefer in die Gründe für Dantons
Nicht-Handeln-Wollen. Danton hat von den Sektionen
keine Unterstützung zu erwarten und begriffen, daß nicht
die Revolutionäre die Revolution, sondern diese sie ge-

---

40 Woran wohl kaum zufällig Brechts Verse aus der *Dreigroschenoper*, man
   solle »das Unrecht nicht zu sehr verfolgen«, erinnern. Vgl. zu diesem
   Komplex John Füegi (Anm. 4).

macht und man auf der Bühne der Geschichte seine Rolle mit
Eleganz zu absolvieren habe. Seine Ansicht, das Leben sei ein
Jahrmarkt der Narrheit, bestätigt die dem Osterspaziergang
aus dem *Faust* nachempfundene Promenaden-Szene und vermittelt in den Gesprächsfetzen einen Eindruck von ›des Volkes wahrer Hölle‹. Mit dem Konventsbeschluß, Danton zu
verhaften, ist bereits im zweiten Akt das eigentliche Drama
zu Ende. Danton wird sich nicht wehren, da er sich immer
noch einredet: »Das ist leerer Lärm, man will mich schrek-
ken; sie werden's nicht wagen!« (38), und so macht er bei seinem Fluchtversuch kurzentschlossen wieder kehrt.
Nicht Furcht vor der Guillotine, sondern Gewissensqual
wegen der Septembermorde treibt Danton um. Wohl waren
sie von der Not diktiert, denn zum äußeren Feind, den Alli-
ierten vor Paris, kam der innere im Rücken der Revolutionäre. Doch als Justizminister hätte Danton gegen das Mas-
saker einschreiten können und müssen. Den moralischen
Freibrief, dessen er bedarf, stellt er sich mit den Worten aus:
»Der Mann am Kreuze hat sich's bequem gemacht: es muß
ja Ärgernis kommen [...].« Wer will der Hand fluchen, auf
die der Fluch des Muß gefallen?« Die Einsicht, »Puppen
sind wir, von unbekannten Gewalten am Draht gezogen;
nichts, nichts wir selbst!« (40), macht daraus auch eine me-
taphysische Rechtfertigung. Im Konvent argumentiert Robespierre aufgrund des Egalitätsprinzips dagegen, Danton
das »Privileg« des Gehörs, das man anderen in seiner Lage
verweigert habe, zu gewähren. Er setzt sich durch, zumal
St. Just unter Berufung auf den Weltgeist,[41] der wie die Natur vernichte und dessen Arm sie seien, die Abgeordneten
von der Notwendigkeit erneuten Tötens um der revolutionären Sache willen zu überzeugen weiß.
Die Begegnung der Dantonisten mit den girondistischen
Gefangenen im »Luxembourg«, das im Wechsel mit dem
»Revolutionstribunal« den Schauplatz des dritten Aktes be-

---

41 Nach Knapp (Anm. 37), S. 31, der »Weltgeist Hegels [...], ein von Büchner
   als Kritik St. Justs bewußt eingesetzter Anachronismus«.

Robespierre guillotiniert den Henker, nachdem dieser alle Franzosen guillotiniert hat. Kupferstich, um 1794

herrscht, macht allen die Aussichtslosigkeit ihrer Situation
bewußt. Paynes Beweis der Nicht-Existenz Gottes arbeitet
Dantons späterem Diktum, das Nichts sei der zu gebärende
Weltgott, als der einzigen in Vernunft und Erfahrung gegründeten Schlußfolgerung vor. Figuren wie Payne ohne
Handlungsfunktion dienen dem Autor zur Selbstartikula-
tion.[42] Payne führt alle noch so ausgeklügelten Beweisver-
fahren, ob ontologisch oder teleologisch, ad absurdum, indem er zeigt, wie sie sich schon durch die bloße Tatsache der
Schöpfung in Widersprüchen verfangen, denn das Vollkommene und von Ewigkeit her Existierende als Hervorbringer
eines Unvollkommenen, eines Seins in den Grenzen der
Zeit, sei ebenso ein Widerspruch wie der Schluß von einer
unvollkommenen Wirkung, der Schöpfung, auf eine vollkommene Ursache, ihren göttlichen Schöpfer. Er beweist
zwingend, daß Gott eine menschliche Deduktion, als des
Menschen Ebenbild geschaffen, ergo eine Absurdität ist.
Gerade die Idee der Vollkommenheit führt in einen Teufels-
kreis, denn eine vollkommene Schöpfung müßte ihren
Grund in sich haben und schließt folglich die Idee des
Schöpfers aus, womit die Vorstellung Gottes als eines voll-
kommenen Wesens, ohne die der Begriff nicht gedacht werden kann, in sich zusammenfällt. Gottesbeweise sind, so
will es der Dialog der Gefangenen, müßige Denkspiele um
die Quintessenz aller Aporien der Vernunft und daher zur
Paradoxie verdammt, oder wie Payne es in Ton und Sinn
des Autors ausdrückt: »Erst beweist ihr Gott aus der Moral
und dann die Moral aus Gott« (48). Da – was z. B. Spinoza
gewußt habe – die Leugnung des Bösen dem Beweis Gottes
unabdingbar sei, weil beide einander widersprechen, reiche
die Tatsache des Schmerzes zum Zweifel an Gott, denn auf
die Frage nach dem Grund des Leidens gebe es keine weder
Herz noch Verstand befriedigende Antwort: »[W]arum

---

42 Vgl. die Parallelbelege zu I,1 in Heines *Zur Geschichte der Religion und
   Philosophie in Deutschland* und zu II,3 in Heines *Zur Geschichte der neueren schönen Literatur in Deutschland* bei Mayer (Anm. 6), S. 390 f.

leide ich? Das ist der Fels des Atheismus« (48). Als einziger
Maßstab ›sittlichen‹, d. h. rechten Handelns, bleibe dem
Menschen seine Natur oder, wie Danton sagen würde, sein
»Naturell«, womit Payne philosophisch auch Dantons *lais-
sez-faire* gegenüber der Gefahr rechtfertigt.
Die von dem Ankläger Fouquier-Tinville und dem Präsidenten des Revolutionstribunals Herman abgesprochene
Zusammensetzung der Geschworenen enthüllt das bevor-
stehende Gerichtsverfahren als abgekartetes Spiel, bei dem
sich das Netz noch enger um die Angeklagten ziehen muß,
zumal nach den Richtlinien des Tribunals nur auf (unwahr-
scheinlichen) Freispruch oder Tod erkannt werden darf. Es
unterstreicht die Fatalität des Geschehens (und zugleich die
geschichtlichen Handelns), daß Danton das Revolutionstribunal ins Leben gerufen hatte, um »die Unschuldigen zu
retten« (52). Mercier bringt die Sache auf den Punkt: »Geht
einmal euren Phrasen nach bis zu dem Punkt, wo sie verkörpert werden. – Blickt um euch, das alles habt ihr gesprochen; es ist eine mimische Übersetzung eurer Worte« (51).
Damit hebt er Robespierres Diktum, die Tat sei Zufall, als
allzu bequeme Ausflucht vor ihren Folgen auf und erklärt
das Verbrechen zur unvermeidlichen Folge des artikulierten
Gedankens. Indem er die Fatalität des Wortes statt der Geschichte beschwört, parodiert er nicht nur das »Im Anfang
war das Wort« der Schöpfungsgeschichte, sondern auch
Goethes Faust, der die Tat statt des Wortes an den Anfang
stellen zu können glaubt; und indem er politische Program-
matik unter die Lupe nimmt, übt er Ideologiekritik: »Diese
Elenden, ihre Henker und die Guillotine sind eure lebendig
gewordenen Reden. Ihr bautet eure Systeme, wie Bajazet
seine Pyramiden, aus Menschenköpfen« (51). Die Farce des
Revolutionstribunals gibt Danton nochmals Gelegenheit zu
revolutionärem Pathos und zur geistigen Vernichtung seiner Gegner, aber so unangreifbar seine Sache auch ist (er
fordert die Ausschüsse als Kläger und Zeugen vor das Tri-
bunal, Herman muß die Sitzung aufheben), der Umstand,

daß Dillon dem Verräter Laflotte aufsitzt, besiegelt das
Schicksal der Dantonisten. Laflotte schafft sich mit dem von
ihm provozierten Versuch Dillons, das Volk durch Beste-
chung gegen Robespierres Fraktion aufzuwiegeln, den Beweis des Komplotts, der nötig ist, die in Volk und Konvent
zu Dantons Gunsten umschwenkende Stimmung wieder zu
wenden. Sie hat bereits St. Just gezwungen, die Maske revolutionärer Redlichkeit fallen zu lassen und den Rechtsbruch
zu fordern (»Sie müssen weg, um jeden Preis, und sollten
wir sie mit den eignen Händen erwürgen« 57).[43] Die Ver-
leumdung Dantons erspart den Robespierristen den offen-
sichtlichen Rechtsbruch und mögliche, peinliche Publizität,
und so bekennt Fouquier auch ohne Umschweife: »Wahrhaftig, das hatten wir nötig« (62).
Den stärksten Bundesgenossen hat St. Just, ohne es zu wissen, in Danton selbst: seiner Langeweile, seinem Zynismus
und Lebensüberdruß.[44] Nur die Verachtung für seine Henker bringt Danton dazu, ihnen ihr Handwerk so schwer wie
möglich zu machen. Sein Bestehen auf einer Kommission
trifft die Anklage an einer schwachen Stelle; aber in dem
Maße, wie die Denunziation Wirkung zeigt, hat die Wahrheit gegen die Lüge keine Chance mehr. Auf deren Triumph
deuten Paynes Überlegungen voraus, insofern ja auch die
historische Unangefochtenheit der Gottesbeweise den Sieg
dialektischer Raffinesse über die Wahrheit der Vernunft de-

---

43 Vgl. »St. Just: Ich frage nun: soll die moralische Natur in ihren Revolutio-
    nen mehr Rücksicht nehmen, als die physische? Soll eine Idee nicht eben-
    sogut wie ein Gesetz der Physik vernichten dürfen, was sich ihr wider-
    setzt?« (44) Pikant wird es, wenn Lukács in seinem Aufsatz »Der faschi-
    stisch verfälschte und der wirkliche Georg Büchner« (zuerst Moskau
    1937), in: *Martens*, S. 212, St. Just eine »Wunschfigur« nennt und in seltener
    Verblendung zur Zeit der Moskauer Schauprozesse in seinem Viëtor
    denunzierenden Aufsatz im *Danton* »die *eherne und unmenschliche Not-
    wendigkeit der Geschichte, die ganze Generationen, die ihr im Weg stehen,
    revolutionär zerstampft, [...] mit leidenschaftlichem Pathos bejaht und
    verherrlicht*« (Hervorhebungen K. H.) sieht (ebd., S. 214).
44 Dafür stehen viele Beispiele von der Art wie »[...] ich will lieber guilloti-
    niert werden als guillotinieren lassen« (30 f.).

monstriert. Das »Nieder mit den Dezemvirn!«, das sich vom Konvent auf die Straße fortpflanzt, schlägt nach des Zweiten Bürgers Verleumdungsrede in »Es lebe Robespierre! Nieder mit Danton! Nieder mit dem Verräter!« (64) um.

Im vielstimmigen Abgesang des vierten Akts artikulieren Julie und Lucile die Treue zu ihren Männern, die Stimmen aus dem Volk untermischen ihn mit ironischen und burlesken Tönen, und Danton führt mit Camille den Chor der Todgeweihten an. Die Frauen folgen Danton und Camille in den Tod, Julie mit Hilfe von Gift, die wahnsinnige Lucile in einem Augenblick aufflackernder Geistesklarheit mit dem selbstmörderischen Ruf »Es lebe der König!«, worauf ein ironisch wirkendes »Im Namen der Republik!« (77) der sie verhaftenden Wache das Drama beschließt. Camilles Jugend und seine Hymne auf das Leben wecken in Danton die Zärtlichkeit des väterlichen Freundes, der sich an dem Gedanken stärkt, kein Henker könne ihren abgeschlagenen Köpfen verwehren, sich zu küssen. Camille, der schon im ›Kunstgespräch‹ (II,3) mit Büchners Zunge spricht (s. u. die Briefe an die Eltern und *Lenz*), fügt dem Schlußdialog die Einsicht hinzu, daß sich unter den Masken aller doch immer nur der eine unverwüstliche Schafskopf verberge. Hérault spielt gegen die dem Römertum nacheifernden Jakobiner die ihre Gefühle äußernden Griechen aus, denen es gleichzutun den Dantonisten im Angesicht des Todes gezieme, statt wie Stoiker und Römer die »heroische Fratze« zu machen, aber Danton beschließt das Gespräch mit dem Verdikt: »Die einen waren so gut Epikureer wie die andern« (72). Jeder möglichen Heroisierung seiner selbst vorbeugend, erklärt er die Welt zum Chaos, das nur durch das Nichts zu erlösen sei, und die Menschen zu einer Fehlkonstruktion, läßt aber die Frage offen, ob sie dazu geschaffen seien, als arme Musikanten mit ihren Körpern den Göttern zur Belustigung aufzuspielen.

Die vieltönige Beschwörung des Nichts, die zunehmende

Entheroisierung der Revolution und Entwertung der revolutionären Idole zu Demagogen und ihrer Leitideen
zu hohlen Phrasen legen eine nihilistische Deutung des
Dramas nahe. Dessen Interpretationen, ob als »Tragödie des
heldischen Pessimismus« (Viëtor), des metaphysischen
»Determinismus« der Geschichte (H. Mayer) oder, am
anderen Ende des Spektrums, als Vergegenwärtigung des
»politisch-gesellschaftlichen säkularen Widerspruchs«[45] und
Rechtfertigung des jakobinischen Terrors (Lukács), werfen
zunächst das Problem des Helden und der Geschichtstreue
des Dramas auf. In dem Brief an die Familie (MA, Nr. 46),
wo Büchner zu seiner Entschuldigung erklärt, der Dichter
sei nichts als ein Geschichtsschreiber, gesteht er ihm aber
zu, daß er, indem er die Wirklichkeit zum zweiten Mal er-
schaffe, über diesem stehe. Wie alle seine Werke zeichnet
sich auch der *Danton* durch keineswegs sklavische Quellen-
treue aus. Büchner erfindet manches hinzu: den Opfertod
der Frauen – in Wirklichkeit heiratet Julie wieder und überlebt sogar Büchner, Lucile aber wird auf eine Denunziation
hin verhaftet –, die lange Rede St. Justs vor dem Konvent
(II,7), die Szenen um Payne, die Lebensphilosophie Camilles und Héraults, ja selbst den geistig-seelischen Habitus
der Hauptcharaktere Danton und Robespierre. Auch dem
Geschehen steht er nicht so neutral gegenüber, wie es sich
für den Historiographen gehört. Dem Autor dieses Ge-
schichtsdramas geht es darum, den Schleier des Augen-
scheins von der Wahrheit zu heben, wie es die Eingangs-
sätze signalisieren: »Sieh die hübsche Dame, wie artig sie die
Karten dreht! Ja wahrhaftig, sie versteht's; man sagt, sie
halte ihrem Manne immer das cœur und anderen Leuten
das carreau hin« (5). Unbeschadet der Relativität situations-
und personenbedingter Äußerungen scheint es, daß diejeni-
gen Dantons und der Dantonisten, wenn sie nicht des
Autors Zustimmung haben, so doch mit seiner Sympathie

---

45 So Bohn (Anm. 2), S. 104, über das Danton-Bild von Lukács.

rechnen können. Robespierre dagegen erweist sich als ›Moraltrompeter‹, noch dazu als ein krimineller und somit als Karikatur des historischen Vorbilds. Daß dem puritanisch tadellosen Robespierre jede Dämonie und Sinnlichkeit abgeht, Danton dagegen vital und dekadent zugleich, geistreich, dandyhaft und zynisch ist, um Ehrlichkeit sich selbst und anderen gegenüber bemüht und mit all seinen Schwächen nichts als menschlich, kommt seiner Theaterwirksamkeit ebenso zugute wie es der Robespierres abträglich ist. »Handeln statt zuschauen – so forderte Robespierre [. . .], doch die Moral [seiner] revolutionären ›Tugend‹ deckte sich durchaus nicht mit der [des] Stücke[s, das] gerade die Gegenposition des ›Lasters‹ im Lichte [seiner] Sympathie erscheinen ließ: wir dürfen oder sollen auch Dantons Selbstaufgabe heldenmütig [. . .] finden«, schreibt Reinhard Baumgart.[46] Dazu gerät Robespierres Porträt der Dantonisten zu einem grotesken Bild seiner selbst, wenn er vom Standpunkt des kompromißlosen Revolutionärs argumentiert, in Wahrheit jedoch »ein impotenter Mahomet«[47] ist, der des Rivalen Tod aus Neid betreibt.

So einleuchtend Robespierres Argumente einem auf die Revolution erpichten Geist sein mögen, so dringend stellt sich von Beginn an die Frage nach seiner Tauglichkeit, die Sache der Revolution in moralischer wie politischer Hinsicht zu vertreten. Um Robespierre als Karikatur eines Büchnerschen Revolutionärs auszuweisen, bedarf es lediglich des

---

46 Reinhard Baumgart, *Addio. Abschied von der Literatur*, München 1995, S. 65. Die jahrzehntelange Diskussion darüber dauert an, vgl. Herbert Wenders Rettung Robespierres, »Der Dichter von *Dantons Tod*. Ein ›Vergötterer‹ der Revolution«, in: *Kat D*, S. 218–239, insbes. S. 223 ff. Das dem Schluß von Schillers *Maria Stuart* nachempfundene Ende des ersten Aktes suggeriert anderes: Elisabeths Einsamkeit rührt an, Robespierres Selbstbespiegelung als Appell an das Mitgefühl berührt eher peinlich. Mit seiner Stilisierung zum »Blutmessias« als einem anderen Gekreuzigten erscheint seine Christusnachfolge *self-serving*. Im Monolog mit dem Rechtfertigungsritus, der ihn zum »Nachtwandler« und Sünder bloß »im Gedanken« (26) emporhebt, holt der Poseur den Apologeten ein.

47 Nach Lehmanns Lesart (L I,59) hier »Masoret« (Wortklauber) (59).

hier erstellten Profils eines Terroristen, der sich durch Phrasendrescherei diskreditiert und sich mit dem ›trockenen Ton‹ des »Unbestechlichen« keineswegs als Alternative zu dem Dandy und Sinnenmenschen Danton, der die(se) Revolution mit Recht und aus Gründen satt hat, empfiehlt. Danton fügt jedesmal in den Auftritten mit Robespierre und vor dem Konvent seinem Bild neue Züge hinzu, während »der Advokat von Arras« nur verschiedene Grautöne auf der Palette hat. Offensichtlich verfällt nur der politische Theoretiker oder der belesene und von historischen Prämissen auf die Intention des Stückes fehlschließende Gelehrte auf die Idee einer Rettung Robespierres, die denn auch stets in der gleichen gewundenen Form am Text vorbeiargumentiert. Ihr widerspricht auch, daß Büchner offenbar bei seinem auf die Juli-Revolution (1830) gemünzten Verdikt über die »Absolutisten« die Despoten Robespierrescher Prägung, die Theoretiker ihrer eigenen Machtgier, im Sinne hatte, als er forderte, die arme Klasse solle die Revolution samt ihrer, die in ihrem Elitismus das Volk, das sie hinters Licht führten, auch noch verachteten, auffressen.[48]

Im »Fatalismus-Brief«, der wegen der Selbstzitate daraus als wichtige Quelle gelten muß, läßt »das *Muß*« des »Ärgernisses« Büchner fragen, »was in uns lügt, mordet, stiehlt« und hinzusetzen: »Aber ich bin kein Guillotinenmesser« (MA, Nr. 21). Was Robespierre angeht, so weiß man, daß Terroristen jedweder Couleur gern als Moralisten auftreten und

---

48 Nach Terence M. Holmes, »Die ›Absolutisten‹ in der Revolution«, in: *GBJb* 8 (1990–94), S. 241–253. Vgl. auch Büchner: »Mein Danton ist vorläufig ein seidenes Schnürchen und meine Muse ein verkleideter Samson« (L II,436 f.). Dazu Gonthier-Louis Fink, »Das Bild der Revolution in Büchners *Dantons Tod*«, in: *ZIBS*, S. 175–202, hier S. 181 f., und S. 195–202, sowie Dedner (Anm. 1), S. 217 f., mit der Feststellung über »konträre Textelemente«, die »zusammen das Drama von *Dantons Tod* konstituieren«. Interessant ist Peter von Beckers psychoanalytische Deutung der Protagonisten als Zerrspiegel voneinander, wobei er sich zu der These versteigt: »*der* bürgerliche Revolutionär ist in zwei Neurotikern mit sich allein« (P. v. B., »Die Trauerarbeit im Schönen. *Dantons Tod* – Notizen zu einem neu gelesenen Stück«, in: *DTSt*, S. 83).

daß Büchner keine Gelegenheit versäumt, gegen moralischen Idealismus zu Felde zu ziehen. Fordert Camille, die Staatsform solle sich dem Leib des Volkes anschmiegen, so tut er das mit Lenz' und Büchners Argumenten gegen den dem »Idealismus« wesentlichen und Büchner hassenswerten Aristokratismus der Gesinnung; und dekretiert er: »Die Gestalt mag nun schön oder häßlich sein, sie hat einmal das Recht, zu sein, wie sie ist« (7), so erteilt er mit dem Naturphilosophen Büchner Dantons Berufung auf sein »Naturell« das Plazet. Nicht zuletzt spricht das von Büchner eingeforderte Recht auf Glück, das in dem Wort, die Menschen seien alle nur dem Grad nach verschiedene Epikureer, bloß in negativer Form zum Ausdruck kommt, für Danton als Helden. Die Gleichung Danton = Büchner verbietet sich allerdings schon deshalb, weil Danton zu sehr sich selbst genug ist, als daß er sich zum Sprachrohr eines anderen eignete.[49] Dantons Freunde, allen voran Camille, dann die Kritiker und Kommentatoren Hérault, Philippeau, Mercier, Lacroix sowie Payne und, mutatis mutandis, Dantons Gegenspieler artikulieren nicht minder als er Ideen des Autors.

Viëtor hat nachgewiesen, daß ein Sechstel des Danton-Textes wörtliche Wiedergabe der – übrigens dantonfreundlichen – Quellen ist. Auf der anderen Seite gibt es für Robespierres und Dantons Gewissensbisse in der Geschichte keine Basis. Die ebenfalls von Büchner stammende Anklage St. Justs, die Dantons Schicksal entscheidet, liefert in ihrer Brutalität und mit ihrem Robespierreschen Grundsatz, der Zweck heilige die Mittel, vor allem aber mit ihrer Berufung auf das Naturgesetz als Maßstab sittlichen Handelns, Mate

---

49 Kritik an Danton signalisiert dessen Langeweile, ein Kennzeichen der abgelebten aristokratischen Gesellschaft; vgl. Mayer (Anm. 2), S. 135. Ronald Peacock meint dagegen, es gebe »zwei Dantons« im Drama, den autobiographisch zu deutenden weltschmerzlerischen und den historischen, dem jener »aufgepropft« sei, »ein Symptom der philosophischen wie dichterisch-dramatischen Unreife Büchners«, in: »Eine Bemerkung zu den Dramen Georg Büchners«, in: *Martens*, S. 360–372, hier S. 363 f.

rial zum Psychogramm eines modernen Diktators. Die
Aufarbeitung der Geschichte mittels der Demaskierung ihrer falschen Helden und ihres falschen Scheins ist dieses
dichtenden Geschichtsschreibers Sache, der die Schöpfung
zwar nicht besser machen will, als sie ist, dafür aber klarer.
Zusammen mit der Kritik an der Trägheit, dem Selbstbe-
trug, dem Wunschdenken und der Wandlung Dantons, dieser »Dogge mit Taubenfüßen«, von der »gigantischen Gestalt« eines aktivistischen Kämpfers zum Hamlet der Revolution, den die Erkenntnis ihrer Vergeblichkeit lähmt, sorgt
sie für diejenige Komplexität, welche die Signatur großer
Werke ist. Das beim Quellenstudium entstandene Ge-
schichtsbild, wonach Danton und Robespierre Figuren eines in welthistorischem Maßstab aufgeführten Puppenspiels
sind, ist im Wandel Dantons, dem Anführer des Tuilerien-
Sturmes, vom Handelnden zum Betrachter seiner schuldlos-
schuldigen Verstrickung eindringlich gemacht. Darin erscheint Robespierre doppelt fragwürdig in der Rolle dessen,
der vorgibt, die Revolution handelnd an ihr Ziel führen zu
müssen. Selbst »zusammen, in ihrer tragischen Wechselwir-
kung, verkörpern« sie nicht »Büchners Gedanken«.[50] Camille durchschaut das Leben als eine einzige Maskerade[51]
und fügt damit den Deutungen eine neue Dimension hinzu.
Mit Robespierre als intendiertem Helden wäre dieser *Danton* ein verfehltes Werk.

50 Von Becker (Anm. 48), S. 83, behauptet, die »Fragestellung [pro und con-
   tra] verkenn[e]: die beiden Figuren Büchners sind feindliche Brüder aus
   einem Stamm. Der eine ist zugleich der Zerrspiegel, das unterdrückte
   Wunschbild und das offene Wahnbild des anderen.«
51 Auszunehmen davon sind die Frauen um Danton, voran Julie und Lucile,
   deren Selbstopfer keine theatralische Gebärde ist. Marion, die ohnehin viel
   Gewicht hat, gewinnt an Statur durch eine vielleicht im Motiv des Liegens
   zwischen »zwei Bettüchern« angedeutete Beziehung zur schönen Kräme-
   rin aus Goethes Geschichte des Marschalls Bassompierre, was ihren Rang
   als große Liebende bestätigen würde.

> Wir stehen immer auf dem
> Theater, wenn wir auch zuletzt
> im Ernst erstochen werden.
>
> *Dantons Tod*

Leonce und Lena. Lustspiel. Am 3. Juli 1836, zwei Tage
nach dem verlängerten Abgabetermin, schickt Büchner sein
Leonce und Lena-Manuskript an den Verlag Cotta in Stuttgart, der einen Preis für das beste deutsche Lustspiel ausge-
schrieben hat; ungeöffnet geht es an den Autor zurück. 1838
veröffentlicht Gutzkow Teile daraus mit eigenen Zwischen-
texten im *Telegraph für Deutschland*; 1850 erscheint es
»vollständig« in Ludwig Büchners Erstausgabe der *Nachge-
lassene[n] Schriften*. Da weder das Originalmanuskript, die
von Gutzkow erwähnte »saubere Abschrift« Minna Jaeglés
noch auch eine vielleicht von Büchners Schwester Luise an-
gefertigte Abschrift, die Ludwig Büchner zur Vorlage hätte
dienen können, erhalten sind, ist wegen der von beiden
Herausgebern vorgenommenen Änderungen die Textgestalt
problematisch.[52] Hauptquellen für *Leonce und Lena* sind
Brentanos *Ponce de Leon* und Mussets *Fantasio*, als weitere
Quellen kommen Tiecks *Prinz Zerbino* und *Der gestiefelte
Kater* sowie Shakespeares *Hamlet* und einige seiner Komö-
dien hinzu. Die Fragen der Vorrede: »Alfieri: ›E la fama?‹
Gozzi: ›E la fame?‹« (»Alfieri: ›Und der Ruhm?‹ Gozzi:
›Und der Hunger?‹«) sind den zitierten Dramatikern an-
scheinend angedichtet und konnten bisher bei ihnen nicht

---

52 Erhalten sind drei handschriftliche Bruchstücke. Zur Textüberlieferung
und -gestalt vgl. Thomas Michael Mayer, »Vorbemerkung« sowie »Vorläufige Bemerkungen zur Textkritik von *Leonce und Lena*«, in: *LuLSt*, S. 1–6
und S. 89–153. Die Reclam-Ausgabe (Universal-Bibliothek, 7733), die der
Fritz Bergemanns folgt, ist gelegentlich zu revidieren, so bezüglich des
»aus Gründen der Werkökonomie« (Mayer, ebd., S. 130) wahrscheinlich
von Büchner getilgten Polizeidiener-Auftritts und anschließenden Lebens-
laufs Valerios in II,1, S. 45,24–47,5 »schälen«. Zur Zitierweise und den damit zusammenhängenden Fragen der Interpretation vgl. Dedner (Anm. 1),
S. 156–218.

nachgewiesen werden.[53] Büchner hat noch in Zürich an dem
Stück weitergearbeitet, was darauf deutet, daß er das Manuskript nicht als endgültig ansah.

Jacques' »O wär ich doch ein Narr! / Mein Ehrgeiz geht auf
eine bunte Jacke« aus *Wie es euch gefällt* ist das Motto zum
ersten Akt. Damit scheint das bekanntere seiner geflügelten
Worte, »Die ganze Welt ist Bühne, / Und alle Frau'n und
Männer bloße Spieler«, das sich als Motto zum Stück aufdrängt, vielleicht als zu offensichtliche Anspielung ausge-
spart. Der Gebrauch der Theatermetapher im *Danton*, zu
dessen Helden Leonce vielerlei Beziehungen unterhält (u. a.
teilt er mit Danton die zentrale Erfahrung der Langeweile),
deutet bereits das Leben als Rollenspiel.[54] Da bei Büchner –
im Gegensatz etwa zu Calderons Großem Welttheater –
kein Gott als Richter, Regisseur oder Zuschauer mitagiert,
entfällt auch der damit zusammenhängende Gedanke, im
Erdenlauf eine Bewährungsprobe für die Ewigkeit zu sehen. Valerios Vergleich der Szenerie in II,2 mit einem Spiel-
tisch, auf dem sie lägen »wie Spielkarten, mit denen Gott
und der Teufel aus Langeweile eine Partie machen« (49), ba-
gatellisiert die Idee Gott eher, als daß er sie durch die Hin-
tertür wieder einführte.[55] Ohne Gott als Lenker oder Zuschauer ist das Theaterspiel immer noch als Spiegelung der

53 Wohl aber in deren *Lettres d'un voyageur* vom 15. Juli 1834 in der *Revue
   des Deux Mondes*, die damit als etwa 35. Quelle zu dem Lustspiel in Be-
   tracht kommt.
54 Die Theatermetapher betonen ohne Einschränkung Rudolf Drux, »Eigentlich nichts als Walzen und Windschläuche«. Ansätze zu einer Poetik
   der Satire im Werk Georg Büchners«, in: *ZIBS*, S. 335–352, Hans H. Hiebel, »Allusion und Elision in Georg Büchners *Leonce und Lena*. Die intertextuellen Beziehungen zwischen Büchners Lustspiel und Stücken von
   Shakespeare, Musset und Brentano«, ebd., S. 353–378, Reddick (Anm. 16),
   der als erster daraus ein Interpretationsmuster macht, vgl. »Life is an act:
   this is precisely the image that Büchner makes central to Leonce's first mo-
   nologue« (ebd., S. 245), und zuletzt Matthias Morgenroth, *Formen und
   Funktionen des Komischen in Büchners »Leonce und Lena«* (Stuttgarter
   Arbeiten zur Germanistik), Stuttgart 1995.
55 Wie es Morgenroth anzunehmen scheint (Anm. 54), S. 70.

Wirklichkeit legitimiert, wie es Büchners Lehrmeister
Shakespeare im *Hamlet* fordert. Die dramaturgisch wichtige
erste Szene des Stücks, die das Motiv einführt, ist eine aus
Shakespeare-Zitaten, hauptsächlich solchen aus *Hamlet*,
komponierte Ouvertüre. Sie evoziert den Dänenprinzen
mit seinen Repliken auf den Schwätzer Polonius darin, wie
Prinz Leonce den Dialog mit seinem Hofmeister inszeniert,
und zitiert ihn auch mit der Melancholie und dem Fluch des
Wissens. Hier bewirkt das Stilprinzip der Zitatmontage neben der Literarisierung auch die Theatralisierung des Dar-
gestellten.

Die Fabel des Stücks ist als Märchen konzipiert, das jedoch
in diesem Raum seine Unschuld verliert.[56] Gleich einem ver-
wunschenen Prinzen steckt dieser Prinz in einer fremden
Haut, wie es sich bei seiner Vorbereitung auf die Nachfolge
König Peters, des Souveräns vom Reiche Popo, zeigt, die
sein »Erzeuger« und »Erzieher«, »ein höchster Wille, ge-
sonnen, seine allerhöchsten Willensäußerungen in die
Hände Eurer Hoheit niederzulegen« (40 f.), soeben verfügt
hat. Zu ihrer Besiegelung soll der Prinz die Ehe mit Prinzessin Lena vom Nachbarreich Pipi eingehen, um das Reich
Popo, das ein streunender Hund in ein paar Sekunden
durchmessen kann, gebührend zu vergrößern.[57] Nicht wil-
lens, der Sohnes- und Prinzenpflicht zu gehorchen und sein
Glück auf dem Altar staatspolitischer Notwendigkeit zu

---

56 Die diversen (Selbstbe-)Spiegelungen und die mit romantischen Essenzen
aller Art gewürzte Atmosphäre geben ihm die Signatur. Nach Ronald Peacock, »Eine Bemerkung zu den Dramen Georg Büchners«, in: *Martens*,
S. 371, »gehört Büchner entschieden zur späten Romantik«, wie die Rezeption des Lustspiels als »ironisch-romantisches Zwischenspiel« (H. Mayer)
und »hochpoetisches Traumgebilde«, bereits bei Gutzkow, zeige.

57 Zur Entschlüsselung von »Popo« = Hessen (Darm[!]stadt) und »Pipi«
= Bayern (München), dazu der Heirat des Erbgroßherzogs mit Mathilde
von Bayern 1834 vgl. Hans H. Hiebel, »Das Lächeln der Sphinx. Das Phä-
nomen des Überbaus und die Aussparung der Basis: Leerstellen in Büchners *Leonce und Lena*«, in: *GBJb* 7 (1988/89) S. 126–144, hier S. 132, sowie
Walter Hinderer, *Büchner-Kommentar zum dichterischen Werk*, München
1977, S. 134 f., und Dedner (Anm. 1), S. 252 ff.

opfern, in Wahrheit jedoch, um der Ehe, da sie lediglich eine
andere Form von Langeweile zu werden verspricht, zu ent-
fliehen, macht sich Leonce mit seinem neuen Diener Valerio
als Lazzaroni nach Italien auf, ins Land der Sehnsucht und
des *dolce far niente*.[58]

Leonce trägt allerdings das Bild von dem »Ideal eines Frau-
enzimmers in [sich] und muß es suchen« (45).[59] Die Dialek-
tik in diesem Spannungsfeld zwischen Flucht vor und Jagd
nach der Braut drängt geradezu nach der Lösung, daß dem
Fliehenden die Beute in die Arme läuft. Auf ihrem Weg in
und durch die Welt (der Duodezfürstentümer) durchqueren
Leonce und Valerio in nur einem halben Tag mehrere Län-
der.[60] Gleichzeitig hat Lena, bereits im Brautschmuck, mit
ihrer Gouvernante das Weite gesucht, um nicht einen unge-
liebten Mann heiraten zu müssen. Ihre aus Lektüre geso-
gene Hoffnung, einem »irrenden Königssohn« zu begegnen, wird schmählich enttäuscht. »Wir haben alles wohl anders geträumt mit unsern Büchern hinter der Mauer unsers
Gartens, zwischen unsern Myrten und Oleandern«, seufzt
sie, und die Gouvernante stimmt ihr zu: »Oh, die Welt ist
abscheulich!« (48). Aber die »Vorsehung« führt die Entlau-
fenen ihrem Schicksal stracks in die Arme, indem sie im
gleichen Wirtshausgarten ein- und aufeinandertreffen. Es ist
Liebe auf den ersten Ton, als der Prinz, von Lenas Stimme
getroffen, die Worte »Ist denn der Weg so lang?« (50) ver-
nimmt – die sie ihm und Valerio aus dem Mund zu nehmen
scheint, so sehr sind sie beiden aus ihrer romantischen re-

---

58 Zum Topos »Italien« vgl. E. Theodor Voss, »Arkadien in Büchners *Leonce
    und Lena*«, in: *LuLSt*, S. 275–436, hier S. 276 ff., 352 ff.
59 Mit den Worten »ich muß sie [die Jungfrau] suchen« nimmt Hyazinth im
    Märchen von »Hyazinth und Rosenblüte« aus Novalis' *Lehrlingen zu Sais*
    von zu Hause Abschied, was darauf deutet, daß dies eine von den vielen
    literarischen Anspielungen ist, aus denen sich das Stück fast zur Gänze
    aufbaut.
60 Nach dem in unserer Ausgabe enthaltenen, von Büchner gestrichenen Teil
    der Szene entgehen Valerio und der Prinz der auf sie angesetzten Polizei
    nur deshalb, weil die *einen* Prinzen sucht, sie aber zu zweit sind.

spektive prosaischen Seele gesprochen.[61] In mondbeglänzter
Zaubernacht stimmen Prinz und Prinzessin ihren ›Gesang
zu zweien in der Nacht‹ an. Der sonst so blasierte Prinz erfaßt intuitiv die romantische Ursituation: Mit den Worten
»Mein ganzes Sein ist in dem *einen* Augenblick. Jetzt stirb!«
(52) zitiert er zuerst indirekt Schiller mit Don Carlos' »Ein
Augenblick gelebt im Paradiese / wird nicht zu teuer mit
dem Tod gebüßt«, bevor er mit Goethe, Brentano[62] und
schließlich dem Schlußtableau von Heines *Seegespenst* fortfährt: »(Er will sich in den Fluß stürzen.) Valerio (springt
auf und umfaßt ihn). Halt, Serenissime! Leonce. Laß
mich!« (52). (Vgl. Heine: »Doktor, sind Sie des Teufels?«)
Da der Prinz nun »um den schönsten Selbstmord gebracht«
(53) ist, steht einer Hochzeit mit der Prinzessin nichts mehr
im Wege, nur weiß weder der Hof von seinem Glück, noch
kennen die Liebenden das Ausmaß des ihren. Jener hat sich,
komplett mit den Spalier bildenden Bauern, zur Feier ein-
gefunden, eingedenk Seiner Majestät Wort, sich am Hoch-
zeitstag des Prinzen »mit dem Glockenschlag zwölf [. . . zu]
freuen zwölf volle Stunden«. Zunächst ficht das Nichter-
scheinen des Paares den König in diesem Entschluß nicht
an. »Ja, ich werde meinen Beschluß sogleich ins Werk set-
zen, ich werde mich freuen. (Er reibt sich die Hände.) Oh,
ich bin außerordentlich froh!« (57). Doch dann geraten
solch absolutem Willen die Kategorien wieder einmal in
»schändlichste Verwirrung« (34), und darüber wird er »me-
lancholisch« (57). Die Untertanen, an den raschen Wechsel
und die Unberechenbarkeit königlicher Launen gewöhnt,
sind aufgefordert, die Gefühle ihres Herrn zu teilen. Da erscheinen »die zwei weltberühmten Automaten [. . .] beider-
lei Geschlechts« (58) in Masken und ermöglichen es als *dei*

---

61 Damit habe die Stimme aus Chamissos Gedicht *Die Blinde* (das Motto
   zum 2. Akt) »den lyrischen Weg aus der Geschichte« gewiesen. So Horst
   Turk, »Georg Büchner. *Leonce und Lena*«, in: *Ein Text und ein Leser.*
   Weltliteratur für Liebhaber, Göttingen 1994, S. 131.
62 Vgl. Hinderer (Anm. 57), S. 150 f., Dedner (Anm. 1), S. 171 ff.

ex machina dem König, die Hochzeit »in effigie« zu veran-
stalten und sein Versprechen einzulösen.[63] Als die Masken
fallen, erschrecken alle vor der sie verwirrenden Wirklichkeit, die sie wieder aus dem Konzept zu bringen droht:
»Peter. Der Prinz! Mein Sohn! Ich bin verloren, ich bin
betrogen! [...] Lena. Ich bin betrogen. Leonce. Ich bin
betrogen« – Peter, indem sie dessen Einfall durchkreuzt, die
Wirklichkeit durch eine Heirat in effigie außer Kraft zu set-
zen und zu übertrumpfen, Leonce und Lena, deren Mär-
chenglück sie zerstört, ungeachtet dessen, daß sich auf diese
Weise sowohl die Träume des Kleinstaatpotentaten wie die
geheimen Wünsche der Liebenden erfüllen, mitsamt den
kupplerischen Hoffnungen der Gouvernante, die Lena zur
Flucht angestiftet hat und in die Worte ausbricht: »Daß
meine alten Augen endlich das sehen konnten! Ein irrender
Königssohn! Jetzt sterb ich ruhig« (60). Wie im Märchen
hat die Vorsehung in Gestalt des Zufalls die Geschicke gelenkt und alles zum Guten gewendet. Selbst der so gar nicht
geheime, viel eher gemeine Herzenswunsch Valerios, Staats-
minister zu werden und dekretieren zu können, »daß, wer
sich Schwielen in die Hände schafft, unter Kuratel gestellt
wird; daß, wer sich krank arbeitet, kriminalistisch strafbar
ist; daß jeder, der sich rühmt, sein Brot im Schweiße seines
Angesichts zu essen, für verrückt und der menschlichen Gesellschaft gefährlich erklärt wird« (61), kann jetzt in Erfüllung gehen.[64]
So werden die Träume der Liebenden weder in der Ferne
Italiens noch in der ihrer Traumwelt, sondern zu Hause und
ohne ihr Zutun Wirklichkeit. Der ›Fatalismus‹ des Mär-
chens parodiert den ›Fatalismus der Geschichte‹, verkörpert
in der Staatsaktion, indem er sich dessen bedient.[65] So ähn-

63 Zum Zeremoniell und Automatismus am Hofe und in der Satire vgl. Jörg
   Jochen Berns, »Zeremoniellkritik und Prinzensatire. Traditionen der politischen Ästhetik des Lustspiels *Leonce und Lena*, in: *LuLSt*, S. 219–274.
64 Dazu vgl. Voss (Anm. 58), S. 363–372.
65 Weiteres zu Büchners Selbstzitaten und damit hergestellten Querverbin-
   dungen zu *Danton* und *Lenz* bei Dedner (Anm. 1), S. 179–197.

lich geht es in romantischen Romanen zu, die sich gerne in einem ihnen eingelagerten Märchen spiegeln, um darin ihren »geheimen Sinn« zu offenbaren.[66] In seiner inneren und äußeren Struktur ist *Leonce und Lena* dieser romantischsten aller Gattungen verpflichtet: Wie dort, so verläßt auch hier der Held das vertraute Zuhause auf dem Weg ins Ungewisse mit dem Bild der Geliebten, wie seine »Seele [es] erblickt« (Novalis), als Kompaß. Was er findet, scheint nicht das Gesuchte, doch die äußeren Sinne trügen nur so lange, bis sich das Gefundene dem inneren Sinn als das – unbewußt – Ersehnte erschließt. In der ›Schlußutopie‹ ist dieses romantische Dessin sichtlich parodiert: Leonce fragt Lena nach ihren Wünschen für die Zukunft, für die sie »die Taschen voll haben, voll Puppen und Spielzeug. Was wollen wir damit anfangen? [...]. Wollen wir ein Theater bauen? [...] Aber ich weiß besser, was du willst: wir lassen alle Uhren zerschlagen, alle Kalender verbieten und zählen Stunden und Monden nur nach der Blumenuhr, nur nach Blüte und Frucht. Und dann umstellen wir das Ländchen mit Brennspiegeln, daß es keinen Winter mehr gibt und wir uns im Sommer bis Ischia und Capri hinaufdestillieren, und das ganze Jahr zwischen Rosen und Veilchen, zwischen Orangen und Lorbeer stecken« (61). Aus Tiecks Bericht über die geplante Fortsetzung des *Heinrich von Ofterdingen* weiß man, daß die »Vermählung der Jahreszeiten«, sprich: der ewige Sommer, die Wiederkehr des Paradieses im Goldenen Zeitalter verheißen soll. Im Lustspiel gelingt unter den paradiesischer Unschuld gänzlich entgegengesetzten Voraussetzungen der Spätzeit »die Flucht in das Paradies« (60) auf seltsam verkehrte Weise. Was die einstige, nun allerdings verlorene Unschuld angeht, so ist sie Leonce und seinen Zeitgenossen durch des Gedankens Blässe abhanden gekommen. Das Lustspiel ortet nämlich die *maladie du siècle*,

---

66 Gedacht ist an solche wie Novalis' »Hyazinth und Rosenblüte«. Wir halten trotz Dirk von Petersdorf, *Mysterienrede. Zum Selbstverständnis romantischer Intellektueller*, Tübingen 1996, S. 344 ff., an der dort bestrittenen Grundbedeutung dieser Art Märchen fest.

die Langeweile, als Frucht des Wissens (vgl. »Leonce.
Warum muß ich es gerade wissen?«, 31), mithin im erweiter-
ten Bewußtsein. Aber »die Rollenspiele des Prinzen werden
[...] zum endlosen Potenzieren der Reflexion und zur Ein-
übung in fremde Rollen«[67]. Dies in Kleists Ohr, der seine
Abhandlung *Über das Marionettentheater* in der Zuversicht
verfaßt hatte, daß sich die Pforten des Paradieses dem ins
Unendliche gesteigerten Bewußtsein wieder öffnen wür-
den.[68] Jedoch handelt es sich in *Leonce und Lena* gar nicht
um Wiederkehr, sondern um Ankunft, nämlich der des technischen Zeitalters: Der ewige Sommer ist keine Endzeiter-
füllung, sondern wird kraft der Technik (der Brennspiegel)
– und dank der Winzigkeit des Ländchens – Ereignis.[69]
Nach Thomas Manns *Doktor Faustus* ist die Parodie ein
Spiel mit leeren Formen, bei dem die Kunst zu ihrer Kritik
wird. Die Zitate aus romantischer oder der Romantik ver-
schwisterter Dichtung sind in *Leonce und Lena* Legion.[70]
Wie es Friedrich Schlegel im *Athenäum*, dem Manifest der
Romantik, fordert, sind in diesem Lustspiel »Genialität und
Kritik vermisch[t] und verschm[o]lzen«[71]. Parodie und Kri-
tik summieren sich zur Satire:[72] Zeitsatire auf den Zerrisse-

67 Morgenroth (Anm. 54), S. 60.
68 Vgl. dazu Gerhard Kluge, »>... Das war die Flucht ins Paradies<«, in: *Jahr-
    buch des Freien deutschen Hochstifts*, 1995, S. 270–281, hier S. 272 ff.
69 Morgenroth (Anm. 54), S. 72, verfehlt die Pointe, wenn er resümiert:
    »Diese Scheinutopie ist das Zugeständnis an die fatalistische Einsicht des
    Determinismus. Statt Selbstverwirklichung und Selbstbestimmung bleibt
    nur die Ästhetisierung des Lebens, der Rückzug in ein künstliches Para-
    dies.«
70 Vgl. Hinderer (Anm. 57), S. 130 ff., Dedner (Anm. 1), S. 157 ff., Henri
    Plard, »Gedanken zu *Leonce und Lena*. Musset und Büchner«, in: *Mar-
    tens*, S. 189–304. Schiller wird man sich wohl als präsenter, als bisher ange-
    nommen, denken müssen.
71 Friedrich Schlegel, *Athenäum*, Reinbek bei Hamburg 1969 (Rowohlts
    Klassiker der Literatur und der Wissenschaft, 29), S. 118 f.
72 Vgl. zur »Zeremoniellkritik und Prinzensatire« den so betitelten Aufsatz
    von Jörg Jochen Berns, in: *LuLSt*, S. 219–274, zu dem Lustspiel, der beson-
    ders die »eigentümliche Literarizität seiner Figuren (die seine Künstlichkeit
    und Modernität ausmacht)« hervorhebt.

nen, jenen Nachkömmling Werthers, der aber in Gestalt
von Leonces Pendant Valerio »mit seiner gelben Weste und
seinen himmelblauen Hosen« (53) als Überbleibsel vom
Werther-Kult des 18. Jahrhunderts eine eher lustige als trau-
rige Erscheinung ist; kulturelle Satire auf den Mechanismus
der Hofgesellschaft (vgl. »wir finden den gesamten ›plot‹
von signifikanten Episoden des Hoflebens durchsäuert«[73]);
philosophische Satire auf die als überlebt empfundenen
großen Systeme, den Idealismus Kants, Fichtes und Hegels;
politische und soziale Satire auf die Duodezherrschaft nach
dem Wiener Kongreß und schließlich literarische Satire auf
die Nacht-, Märchen- und Traumseligkeit der Romantik.
Wie Werther ist dem Prinzen die Welt zu eng: »Ich wage
kaum die Hände auszustrecken wie in einem engen Spiegel-
zimmer, aus Furcht, überall anzustoßen« (44), doch kommt
seiner schweifenden Phantasie die Wirklichkeit eher in
Form Valerios in die Quere, wenn der des Prinzen Welt-
schmerz ins Idiom praktischen Denkens übersetzt und dessen Realitätsschwund unter anderem folgendermaßen ver-
höhnt: »Es ist ein Jammer! Man kann keinen Kirchturm
herunterspringen, ohne den Hals zu brechen« (32). Mit Valerio verlagert sich die Parodie von den literarischen Anspielungen – deren eine er als Shakespearescher Narr selbst
ist – auf die Persiflage scheinlogischer Sophismen und
das Zuschandenwerden romantischer Schwärmerei an der
Macht der Materie, insofern er ästhetisches Wohlgefallen
wahrhaft erst im reinen Schmeckvergnügen empfinden
kann: »Ach Herr, was ich für ein Gefühl für die Natur
habe! Das Gras steht so schön, daß man ein Ochs sein
möchte, um es fressen zu können, und dann wieder ein
Mensch, um den Ochsen zu essen, der solches Gras gefres-
sen« (32). Der Clown mit Sancho-Panza-Allüren demonstriert auf der einen Seite mit seinen Verwandlungen durch
drei Akte hindurch die Theatralisierung der Wirklichkeit,

73 Turk (Anm. 61), S. 128.

während er auf der anderen Seite das Theater mit Wirklichkeit durch- und durch Wirklichkeit zer-setzt. Als Gegenpol zu Leonce ist es ihm aufgetragen, dessen Höhenflug kraft eigener materialistischer Lebensansicht zu ironisieren und ihn zur Erde zurückzuholen. Seine große Szene kommt folglich am Ende des Stücks, als er Leonces Zukunftsvision mit einem dazu spiegelverkehrten utopischen Entwurf übertrifft, der des Prinzen Blütenträume ins Materielle überträgt. Indem der Narr mit seiner plebejischen Vorstellung vom guten Leben das letzte Wort hat, erweisen sich jene Träume als der Witz, der sie sind.

Erst recht macht die Kombination von Requisiten des Biedermeier mit solchen des technischen Zeitalters den Schluß eher zu einem entgleisten Biedermeieridyll als zu einer Utopie und die Schluß-Apotheose fragwürdig. Das Liebesidyll ist durch Ironie gebrochen und von der Rosetta-Episode überschattet. Unausweichlich hatte sich Langeweile als Mehltau auf diese Liebe gelegt; ihr Tod war dem Prinzen bewußt geworden, als sie gerade noch einem Wortspiel zum Vorwand taugte: »Leonce. [...]wir können uns Zeit nehmen, uns zu lieben. Rosetta. Oder die Zeit kann uns das Lieben nehmen. Leonce. Oder das Lieben uns die Zeit. Tanze, Rosetta, tanze, daß die Zeit mit dem Takt deiner niedlichen Füße geht. Rosetta. Meine Füße gingen lieber aus der Zeit« (36). Dem Todesgedanken, der den Dialog durchwirkt, gibt Rosetta mit dem Lied »O meine müden Füße, ihr müßt tanzen / In bunten Schuhen, / Und möchtet lieber tief, tief / Im Boden ruhen« (36) unverhüllten Ausdruck.[74] Leonces Versuch einer Verklärung des Todes der Liebe zum Liebestod (»Oh, eine sterbende Liebe ist schöner als eine werdende«) mündet in den ›Epikureismus‹: »Ich bin ein Römer; bei dem köstlichen Mahle spielen zum Dessert die goldnen Fische in ihren Todesfarben. Wie ihr das

---

74 Schon im *Danton* kommt die Musik als Metapher vor, wenn von den Menschen als Instrumenten die Rede ist, auf denen die himmlischen Mächte spielen. Vgl. auch Piscators spätere Inszenierung der Komödie als (biedermeierliche) Spieluhr.

Rot von den Wangen stirbt, sie still das Auge ausglüht, wie
leis das Wogen ihrer Glieder steigt und fällt! Adio, adio,
meine Liebe, ich will deine Leiche lieben« (37).
Die Strophe, die Rosetta im Abgehen singt (»Ich bin eine
arme Waise, / Ich fürchte mich ganz allein. / Aber lieber
Gram – / Willst du nicht kommen mit mir heim?«, 37),
macht der Pose der Verspieltheit, in die sich der Prinz flüch-
ten konnte, den Garaus. Es ist sardonisch, um nicht zu
sagen sadistisch, wie der graziöse Wortspieler die Geliebte
degradiert, die sterbende Liebe betrachtet und sich an ihr,
»dem Genußmittel des Gelangweilten«[75], weidet. Je mehr
Leonce danach die Narrenrolle übernimmt, um so mehr
wird die Liebes- zur Narrenkomödie.
Eine von Humor nicht gerade durchheiterte Narrenkomödie spielt sich auch auf der politischen Ebene ab. König Peter gehört zu den Duodezherren mit wenig Land und Volk,
dafür um so gesicherterer Macht. Seine Systemphilosophie
ist eine Art *ancien régime* des Denkens. Ihr Anspruch, die
Wirklichkeit in einem Netz philosophischer Kategorien
einfangen zu können, macht sie mitsamt ihrer Metaphysik
zur Zielscheibe des Spottes. Bei dem Konglomerat solcher
Absurditäten ist es für König Peter folgerichtig, sich als
Verkörperung des Weltgeists zu gerieren. Dabei beruft er
sich auf Autoritäten wie Descartes, Spinoza, Kant, Fichte
und Hegel.[76] Allerhöchster Wille muß sich natürlich – wie
die hessischen großherzoglichen Dekrete – gegen eine wi-
derspenstige Wirklichkeit durchsetzen können, denn das
erst ist die Probe aufs Exempel absoluter Macht. Sind selbst
einem rein abstrakten Denken gewisse empirische Tatbe-
stände, wie des Prinzen und der Prinzessin Anwesenheit

---

75 Burghard Dedner, »*Leonce und Lena*«, in: *Int*, S. 119–176, hier S. 163.
76 »Substanz« und »Akzidenzien« entstammen Spinozas Lehre vom gleich-
bleibenden Wesentlichen im Unterschied zum veränderbaren Zufälligen
der Bedingungen, unter denen die Substanz erscheint; das An-Sich-Sein
zielt sowohl auf Spinoza wie auf Kants »Ding an sich«, aber mit dem Primat des Denkens auch auf Descartes' »cogito ergo sum« und Kants *Kritik
der reinen Vernunft*.

zwecks ihrer Vermählung, unabdingbar, so schließt sich
dem Herrscher von Popo die Kluft zwischen Wort und Tat-
sachenwelt andererseits wieder leicht durch die sich im
Munde des Präsidenten des Staatsrats merkwürdig ausneh-
mende Einsicht, daß »ein königliches Wort [...] ein Ding
[ist], das nichts ist« (57). Die Quintessenz der philosophischen Herleitung des königlichen Absolutheitsanspruchs
lautet: »Die Substanz ist das An-Sich, das bin ich. (Er läuft
fast nackt im Zimmer herum.) Begriffen? An-Sich ist an
sich, versteht ihr? Jetzt kommen meine Attribute, Modifi-
kationen, Affektionen und Akzidenzien: wo ist mein
Hemd, meine Hose? – Halt, pfui! Der freie Wille steht da
vorn ganz offen. Wo ist die Moral: wo sind die Manschet-
ten? Die Kategorien sind in der schändlichsten Verwirrung«
(33 f.). Die Anschauung zu diesem Anspruch liefert III,2:
Vor dem Schlosse des Königs sind seine Untertanen ver-
sammelt, vom willfährigen, ins Bürgertum aufstrebenden
Schulmeister darauf gedrillt, dem Hof Kulisse zu sein, was
ihrer Existenz Berechtigung und höhere Weihe verleiht.
»Schulmeister. Könnt ihr nicht eure Lektion? He? Vi!
Die Bauern. Vi! Schulmeister. Vat! [...] Die Bauern.
Vivat! Schulmeister. So, Herr Landrat. Sie sehen, wie die
Intelligenz im Steigen ist. Bedenken Sie, es ist Latein. Wir
geben aber auch heut abend einen transparenten Ball mit-
telst der Löcher in unseren Jacken und Hosen, und schlagen
uns mit unseren Fäusten Kokarden an die Köpfe« (55) –
eine subtile Mahnung an die unter der Hülle geduldigen
Gehorchens brodelnde Rebellion.
So hat schließlich, wie's im Buch steht, der Prinz seine Prinzessin bekommen, aber das Happy-End bringt keine Erlö-
sung vom Einerlei und damit der Langeweile. Obwohl die
Liebenden den ihnen zugedachten Rollen im politischen
Pokerspiel entweichen, entkommen sie nicht – o Fluch der
königlichen Lebensform! – dem ihr eigenen Theater.[77] Der

---

77 Dedner (Anm. 75), S. 155 ff., hebt die Theatralisierung des Lebens als Cha-
rakteristikum der Rosetta-Szene hervor und bemerkt, daß Büchner hier

Prinz verabschiedet sich von den Zuschauern der Zeremonie als von seinem Publikum mit den Worten: »[...] morgen fangen wir in aller [biedermeierlichen] Ruhe und Gemütlichkeit den Spaß noch einmal von vorne an. Auf Wiedersehen!« (61). Einen Kommentar zu diesem ›Opernfinale‹ gibt Camille im ›Kunstgespräch‹ des *Danton* (II,3) und wird damit gleichsam dem Lustspiel zum Räsoneur:

Camille. Schnitzt einer eine Marionette [...] – welch ein Charakter, welche Konsequenz! Nimmt einer ein Gefühlchen, eine Sentenz, einen Begriff und zieht ihm Rock und Hosen an [...] und läßt das Ding sich drei Akte hindurch herumquälen, bis es sich zuletzt verheiratet [...] – ein Ideal! [...] ach, die Kunst! (35)

Leonce. Wollen wir [den Puppen] Fräcke anziehen und sie infusorische Politik und Diplomatie treiben lassen [...]? Oder hast du Verlangen nach einer Drehorgel, auf der die milchweißen ästhetischen Spitzmäuse herumhuschen? Wollen wir ein Theater bauen? (61)

Wer findet, man solle »belieben«, den Verfasser dieses Lustspiels »nicht darnach zu beurteilen« – wie Lenz bescheiden auf Oberlins Frage, ob »Er nicht gedruckt« (7) sei, antwortet –, habe er doch selbst in seinen Tragödien mehr Humor an den Tag gelegt, verkennt den Charakter des Stücks. Der Humor bleibt auf der Strecke, weil alles verstehender (und verzeihender) Humor den kritischen Impetus erlahmen ließe. Man könnte es, zum Beispiel, mit Humor nehmen, statt darüber zu klagen, daß ein »entsetzlicher Müßiggang [...] krassiert« (31), zumal der dem Romantiker das »einzige Fragment von Gottähnlichkeit [ist], das uns noch aus dem Paradies blieb«[78]. Aber die dabei entstehende Langeweile vulgarisiert dem Wissenden Erleben und Erleiden der

»das Puppen- und Marionettenbild durchgängig [nutze], um das normale Leben der bürgerlichen und höfischen Gesellschaft zu beschreiben« (S. 199).
78 Friedrich Schlegel, *Lucinde*, hrsg. von Karl Konrad Pohlheim, Stuttgart 1964 (Reclams Universal-Bibliothek, 320), S. 32.

Welt, wie es Valerio demonstriert, wenn er deshalb an ihr
irre wird, weil man keine ›vier Pfund Kirschen mit den
Steinen essen [kann], ohne Leibweh zu kriegen‹ (32). Leonces ›adoleszenter‹ Humor ist ebenso Gegenstand heiterer
Betrachtung, wie die Menschen mit ihren Schwächen und
ihrer Mangelhaftigkeit Gegenstand der Satire sind. Das
Lustspiel ist einer von Büchners »ernsten Scherzen« (Goethe) und hat bei aller bemerkten Leichtigkeit Gewicht durch
sein Büchnersches Ethos, wenn auch weggesteckt wie in
diesem Dialog zwischen Herr und Knecht: »Valerio. Seit
wann hat es Eure Hoheit zum Ewigen Kalender gebracht?
Leonce. Weißt du auch, Valerio, daß selbst der Geringste
unter den Menschen so groß ist, daß das Leben noch viel zu
kurz ist, um ihn lieben zu können?« (53).

> Es geht hinter mir, unter mir ...
>
> *Woyzeck*

Lenz. Erzählfragment. Büchners einzige Erzählung,
wahrscheinlich zwischen Sommer 1835 und Frühjahr 1836
in Straßburg entstanden, hat mit den anderen Werken die
bewegte Editionsgeschichte gemeinsam. Die Handschrift
sowie Minna Jaeglés Abschrift davon sind verschollen.[79]
Gutzkows Erstdruck erschien in acht Fortsetzungen 1839
unter dem Titel *Lenz. Eine Reliquie von Büchner* im *Telegraph für Deutschland*.
Büchners Hauptquelle war der Bericht des Pfarrers Friedrich Oberlin über Lenz' Aufenthalt bei ihm in Waldersbach
im elsässischen Steintal vom 20. Januar bis 8. Februar 1778,
in dessen Verlauf Lenz' Krankheit zum Ausbruch kam. Der

---

79 Hubert Gerschs Textfassung (Reclams Universal-Bibliothek 8210) ist im
   Augenblick die befriedigendste Antwort auf die vielfachen Textfragen.
   Darüber Burghard Dedner, »Büchners *Lenz*: Rekonstruktion der Textge-
   nese«, sowie Hubert Gersch [u. a.], »Quellenmaterial und ›reproduktive
   Phantasie‹. Untersuchungen zur Schreibmethode Georg Büchners: Seine
   Verwertung von Paul Merlins Trivialisierung des Lenz-Stoffes und von an-
   deren Vorlagen«, in: *GBJb* 8 (1990–94), S. 3–68 bzw. S. 69–103.

Jakob Michael Reinhold Lenz.
Anonyme Bleistiftzeichnung, um 1777

neben Goethe berühmteste ›Straßburger‹ Vertreter des
Sturm und Drang, Jakob Michael Reinhold Lenz, der den
›Größeren‹ anhimmelte und in seinen Spuren wandelte,
wurde am 23. Januar 1751 in Seßwegen, Livland, geboren.
Er studierte Theologie in Königsberg, kam als Reisebeglei-
ter zweier Adliger, der Brüder von Kleist, nach Straßburg
und dort in den Kreis der Originalgenies. Seine unglückliche Liebe zu Goethe und der Ruf des ›Musenhofs‹ zogen
ihn 1776 nach Weimar mit für sein Leben und seinen Nach-
ruhm fatalen Folgen: Er ließ sich eine »Eselei« (Goethe) zu-
schulden kommen – trotz Peter Hacks' vermeintlicher Ent-
deckung[80] das bestgehütete Geheimnis der deutschen Lite-
raturgeschichte – und wurde auf Betreiben Goethes aus
Weimar verbannt. So aus der Bahn geworfen, kam er bei
Bekannten und deren Freunden unter, bis der manifeste
Wahnsinn seine Rückkehr ins Elternhaus unumgänglich
machte. Seine Versuche, nach der Genesung im bürgerlichen
Leben wieder Fuß zu fassen, führten ihn über Petersburg
nach Moskau, wo man den längst Totgeglaubten, aber nicht
Vermißten, am 4. Juni 1792 auf einer Straße tot liegen fand.
Was Lenz' vielberufene ›Wahlverwandtschaft‹ mit Goethe
angeht, so stimmt, daß der Autor der *Soldaten*, des *Hofmei-
sters* und der *Anmerkungen übers Theater* eines der größten
literarischen Talente seiner Zeit war und daß, da man Goethe für den Autor der beiden letzten Werke hielt und bei einigen Gedichten des *Sesenheimer Liederbuchs* bis heute die
Autorschaft nicht ermittelt ist, Gemeinsamkeiten, wie sie
Lenz mit der Anrede »Bruder Goethe« oder dem Titel
»Über unsere Ehe« in seinen Schriften beschwor, durchaus
vorhanden waren. Lenz war sowohl praktisch als auch
theoretisch ein dramaturgischer Neuerer und mit seinen
›Thesenstücken‹ ein Hauptkritiker der »deutschen Mi-
sere«.

80 Vgl. Peter Hacks in: *Jakob Michael Reinhold Lenz im Urteil dreier Jahrhunderte. Texte der Rezeption von Werk und Persönlichkeit. 18.–20. Jahrhundert*, hrsg. von Peter Müller, Bd. 3, Frankfurt a. M. 1955, S. 147–160.

Der »unglückliche Poet« seines Lenz-Projekts war Büchner
in geistiger und persönlicher Hinsicht vertraut, wie es auch
die Parallelstellen im *Lenz* zum »Krisenbrief« vom 9. bis
12. März 1834 (MA, Nr. 21) bestätigen.[81]
Die Erzählung enthält die Pathogenese einer katatonischen
Erkrankung. Als erste klinisch exakte Fallbeschreibung
der Schizophrenie und Versuch ihrer Ätiologie war sie
der deutschen medizinischen Forschung um wenigstens
60 Jahre voraus und verdient schon allein deswegen Be-
achtung.[82] Der Mediziner findet hier diagnostisches Mate-
rial für die drei Arten katatonischer Störungen: Denk-
störungen (Symptome: Verfolgungswahn, Fehldefinitionen,
Desorientierung, Perseveranz, d. h. Hängenbleiben an einem Gedanken oder Wort, Sprachverwirrtheit und Ichentfremdung); Wahrnehmungsstörungen (Symptome: Halluzi-
nationen taktiler, visueller und auditiver Art, Selbstgesprä-
che); affektive Störungen (Symptome: Überreaktionen und
Euphorie, wechselnd mit Apathie, schnelle, ungewöhnliche
Motorik, Selbstmordversuche). Büchner schreibt aber nicht
nur als Mediziner, sondern auch aus eigener Erfahrung und
einer ihn auszeichnenden Einfühlung in ein menschliches
Martyrium.[83]
Der Erzähleingang beschreibt Lenz' Gang durchs Gebirge
zu Oberlin und einen typischen Krankheitsschub von sei-

---

81 Im folgenden lehne ich mich an Karlheinz Hasselbach, *Georg Büchner,*
   »Lenz«, München 1988 (Oldenbourg Interpretationen, 5), und zwar an Kapitel 5, S. 25–34 (passim) und, daraus zitierend, an Kapitel 7, S. 62–70 (passim), an. Zu weiteren Einzelheiten über Lenz, sein prekäres Verhältnis zu
   Goethe, Art und Verwendung des Oberlin-Berichts und zum Bezug Lenz-
   Büchner vgl. ebd., S. 11–21. Nach Dieter Arendt, »Georg Büchner über Jakob Michael Reinhold Lenz oder: ›Die idealistische Periode fing damals
   an‹«, in: *ZIBS*, S. 309–332, hier S. 321, ist Lenz »als Repräsentations- oder
   Symbolfigur des Dichters Büchner eine figurative Vergegenwärtigung der
   ›idealistischen Periode‹«!
82 Vgl. Gerhard Irle, »Büchners *Lenz* – eine frühe Schizophreniestudie«, in:
   G. I., *Der psychiatrische Roman*, Stuttgart 1965, S. 73–83.
83 Vgl. die Briefe an die Braut aus Gießen (L II,423–426) sowie die Parallelstellen dazu im *Lenz* bei Hasselbach (Anm. 81), S. 17–19.

nen ersten Anzeichen bis zum heftigen Ausbruch. In dessen
Verlauf empfindet der Kranke die Landschaft bald als drän-
gend, bald als zurückweichend oder als zu Gestalten sich
verformend, ein Gefühl von Einssein mit dem All und danach eines innerer Leere. Zeit- und Raumbegriffe versagen:
»Er begriff nicht, daß er so viel Zeit brauchte, um einen Abhang hinunterzuklimmen, einen fernen Punkt zu erreichen;
er meinte, er müsse alles mit ein paar Schritten ausmessen
können [...], alles in sich fassen [...], er wühlte sich in das
All hinein, es war eine Lust, die ihm wehe tat; oder er stand
still [...], und dann zog es weit von ihm, die Erde wich unter ihm [...], und dann erhob er sich nüchtern, fest, ruhig
als wäre ein Schattenspiel vor ihm vorübergezogen, er
wußte von nichts mehr« (5 f.). Oberlins freundlicher Emp-
fang beruhigt ihn, aber danach hat er, allein in seinem kar-
gen Zimmer, wieder einen Anfall, von dessen Qual er sich
durch einen Sturz ins kalte Brunnenwasser zu befreien
sucht – der Beginn von Schmerzzufügungen, die in der
»kein Ende finden[den] Wollust« (12) ihre ebenfalls krankhafte Entsprechung haben.[84] An der Seite Oberlins, den
Lenz bei seinen Besuchen im Gebirge begleitet, und in den
Gesprächen mit ihm wird er ruhiger, so daß er sich im-
stande fühlt, an Oberlins Statt die Sonntagspredigt zu halten. Die Gemeinschaft mit den singenden, »von materiellen
Bedürfnissen gequälte[n]« Gläubigen löst ihn aus anfängli-
cher Starre, doch der Gesang, der sich ihm zu »Stimmen«
(11) wandelt, und die Einfühlung in das Leid der Jammer-
gestalten steigern seine Erregbarkeit zu einem Anfall unge-
kannter Stärke. Dabei bestürmen ihn die gegensätzlichsten
Empfindungen, er fühlt »tiefen unnennbaren Schmerz« angesichts des »All[s ...] in Wunden« und »Wollust« beim

84 Jochen Hörisch, »Pathos und Pathologie. Der Körper und die Zeichen in
   Büchners *Lenz*«, in: *Kat D*, S. 267–275, hier S. 274 f., sieht eine masochisti-
   sche Komponente in Lenz' »Leidenslogik«, mit der er leidenschaftlich versuche, »Leiden zu überwinden«, wobei ein Licht auf die »pathologischen
   Ordnungen, in die [seine Versuche] eingelassen sind«, falle.

Halluzinieren »göttliche[r], zuckende[r] Lippen«, die »sich
über ihm aus[bückten], und [. . .] sich an seine Lippen [so-
gen]« (12). Nach der Erschöpfung durch den Anfall erscheint ihm seine Mutter als Tote. Er teilt das Oberlin mit,
und dadurch bessert sich sein Befinden und läßt ihn im Gespräch über den »elementarischen Sinn« (13) des Menschen
und eine alles prägende Harmonie in der Natur aus sich
herausgehen. Aber beim Gedanken, daß Oberlin ihn verläßt, um seinen Gast Kaufmann in die Schweiz zu begleiten,
»zitterte [er und] das Haar sträubte ihm fast« (17). Nach
Oberlins Verabschiedung übernachtet er in einer Hütte,
und es wird ihm zuerst in der Gesellschaft einiger Holz-
hauer »wohl«, doch, wieder zu Hause, »[reißt] ihn eine un-
erbittliche Gewalt [. . .] nach einem Abgrund« (19) hin. Zunehmende Verwirrung und Stimmungsumschwünge, die
sich in raschem Wechsel von Lachen und Weinen und darin
äußern, daß er »wie ein Hirsch« (26) zwischen Fouday und
Waldbach hin- und herrast, das Gefühl, »mit den Händen
an den Himmel« zu stoßen, eingebildete Schmerzen, die ihn
bedrückende Unfähigkeit, das Bild seiner Freundin Friederike festzuhalten (21), und der Wechsel von Lethargie und
Langeweile zu Aufbegehren gegen sein Schicksal kündigen
den Höhepunkt der Krise an.

Den frommen Oberlin provoziert sein Versuch, in der
Nachfolge Christi ein totes Kind aufzuerwecken, sowie die
»Profanation«, »abgefallen, verdammt in Ewigkeit« (23),
Satan oder der Mörder seiner Mutter und Friederike Brions
zu sein. Seine Verwandlungen aus dem »Trieb« heraus, »mit
allem um ihn im Geist willkürlich umzugehen [. . .], die
Häuser auf die Dächer zu stellen, die Menschen an- und
auszukleiden« (27 f.), erschrecken die Gastgeber, gar wenn
er dabei die Katze mit seinem Blick »bezaubert« (28). Er
spricht »in abgebrochenen Sätzen« (21), »mit ängstlicher
Hast« (24) oder stockend. Seine gebückte Haltung wie die
»traumartigen« Zustände im Gefühl, »als sei er doppelt«
oder »als existiere er allein, als bestünde die Welt nur in seiner Einbildung« (28), sind Zeichen von Desorientierung

Johann Friedrich Oberlin.
Kupferstich von J. Gottfroid Gerhardt, um 1800

und Ichentfremdung. Der Verlust des Ichgefühls (»dachte er an eine fremde Person, oder stellte er sie sich lebhaft vor, so war es ihm, als würde er sie selbst«, 27) geht dem Sturz aus »fürchterlichste[r] Angst [und] ewige[r] Qual der Unruhe« (29) in die Apathie des finalen Stupors bei seiner Abschiebung nach Straßburg voraus.

Die Angst des Alleingelassenen, sein gewaltsames Klammern an den Beschützer und die Besserung durch das Gefühl des Aufgehobenseins legen die psychosoziale Lesart nahe, der Kranke kompensiere Furcht vor gesellschaftlichem Versagen mit Wahnvorstellungen. Dafür sprechen der ›Fall Lenz‹ infolge des traumatischen Weimarer Erlebnisses, die Anspielungen auf sein vertracktes Verhältnis zu Goethe sowie die Vermutung eines von Büchner intendierten Gegenentwurfs zu dem vernichtenden Lenz-Bild in *Dichtung und Wahrheit*. Darin charakterisiert Goethe ihn als »vorübergehendes Meteor«, das, wie es auftauchte, verschwand, »ohne im Leben eine Spur zu hinterlassen«, nennt ihn »whimsical«, spricht von seinem Hang zur »Intrige an sich«[85] und präjudiziert so dessen Wirkungsgeschichte bis ins 20. Jahrhundert hinein. Versuche, die Krankheit als gesellschaftliche Verformung und Protest dagegen zu deuten oder sie überhaupt wegzuerklären, hält Friedrich Sengle für unstatthaft, da »[w]o in der Büchnerforschung die psychopathologische Seite von *Lenz* und *Woyzeck* heruntergespielt wird, stets die Ideologie an die Stelle der empirischen Interpretation tritt«.[86] Verfehlt wäre es aber auch, aus Parallelen im Gesamtwerk Büchners auf Art und Zweck der Wahnsinnsdarstellung im *Lenz* zu schließen, denn hier kommt zur Gestaltung des Wahnsinns das medizinische Protokoll, d. h. seine Analyse, als gleichwertige Komponente hinzu. Und natürlich gehört der Wahnsinn zur Metaphorik des Textes, wie es das ihn prägende und einrahmende Bild vom Auf-den-Kopf-Stellen verrät (vgl. 5: »nur war es ihm

85 *Goethes Werke*, hrsg. von Erich Trunz, Bd. 10, Hamburg 1963, S. 12.
86 Sengle (Anm. 36), S. 317, angesichts verbreiteter Tendenzen der 70er Jahre.

manchmal unangenehm, daß er nicht auf dem Kopf gehn
konnte«, und 27: »er amüsierte sich, die Häuser auf die Dächer zu stellen«), denn Lenz stellt nicht nur Dinge und Personen, sondern auch geläufige Ansichten zur *condition hu-
maine* wie zur Kunsttheorie auf den Kopf.[87]
Es ist der Logik seines Charakters und der Zeit, die er ver-
tritt, gemäß, daß Lenz sich darüber ausläßt, wie es die
Kunst mit der Natur halte – war dies doch ein Lieblings-
thema des 18. Jahrhunderts und, wie die ›Kunstgespräche‹
im *Danton* und entsprechende briefliche Äußerungen (MA,
Nr. 45) nahelegen, auch eines des Autors, dem es mit der
Standortbestimmung der Kunst gegenüber der Wirklichkeit
ernst war. Das ›Kunstgespräch‹ liefert dem Werk die Theo-
rie in der »Poetik des Mitleids« (Schings), wonach sich das
Gelingen des Kunstwerks danach bemißt, ob es den Rezipi-
enten aufweckt, ergreift und in Mitleidenschaft zieht, denn
»das Gefühl, daß was geschaffen sei, Leben habe, [...] sei
das einzige Kriterium in Kunstsachen« (14), wenn anders
sich der Rezipient nicht »dabei sehr tot« (15) fühlen solle.
Mit der Begründung, daß »die Gefühlsader«, die der Künstler folglich zu treffen habe, »in fast allen Menschen gleich«
sei (14), setzt diese Ästhetik die Gleichheit aller voraus. Das
ist so gut Rousseauisch wie es anti-idealistisch ist, geht aber
mit der Forderung, daß sich der Künstler ins »Leben des
Geringsten [...] senke«, über beides hinaus. Gering-Sein ist
sowohl eine soziale wie allgemein menschliche Kategorie
und meint »die prosaischsten Menschen unter der Sonne«,
die als solche »Leben, Möglichkeit des Daseins« haben, in
das es sich zu »senken« gelte (14), damit, ohne »etwas vom
Äußern hineinzukopieren«, »die Gestalten aus sich heraustreten« (15). Kaufmanns Entgegnung, es gebe in der Wirklichkeit »doch keine Typen für einen Apoll von Belvedere

---

87 Arendt (Anm. 81), S. 329, deutet dies als »Aufruf an die Gebildeten, eine
   ästhetische Verschlüsselung der politischen Konfession und Revolutions-
   philosophie Georg Büchners«, die Dinge vom Kopf auf die Füße zu stellen.

oder eine Raphaelische Madonna« (15), hat Lenz' ungeteilte Zustimmung, nur benutzt *er* sie zu einem Plädoyer für eine gegenidealistische Kunst. Lenz zeiht den Idealismus außer der Arroganz gegenüber dem Schöpfer der ästhetizistischen Verfälschung der Wirklichkeit aufgrund seines Axioms, mittels des ›Schönen‹ zum ›Wahren‹ und ›Guten‹ zu gelangen. Da Einfühlung ins wirkliche Leben für Lenz Voraussetzung der Kunst ist, sagt er sowohl dem Primat des Schönen als auch dem Prinzip der ›symbolischen Repräsentanz‹ ab und stellt dagegen das Axiom: »Man muß die Menschheit lieben, um in das eigentümliche Wesen jedes einzudringen, es darf einem keiner zu gering, keiner zu häßlich sein, erst dann kann man sie verstehen« (15). Da die beste Gewähr seiner Befolgung das Sich-»Senke[n . . .] in das Leben des Geringsten« (14) ist, fördert diese Kunst das Wahre und Gute durch Mitleid mit dem »gequälte[n] Sein« (11), dem Inbegriff von Menschenliebe: Führt einfühlendes Nacherleben zur Wahrheit durch Wirklichkeitsnähe, so führt diese, da sie in der ›Mitleids-Poetik‹ ein Postulat der praktischen Vernunft ist, auch zum Guten – worin sich Büchners realistische Ästhetik von der des späteren »bürgerlichen Realismus« unterscheidet.

Diese Poetik zeichnet sich durch eine Neubestimmung des Mitleids aus. Traditionell betrachtet bewirkt Mitleid zusammen mit Furcht eine Katharsis, d. h. »Reinigung von Affekten«. Nach Lenz ist Mitleid aber nicht Mittel zur Erhebung über das Leiden, sondern Zweck der Kunst und als solcher mit dem »interesselosen Wohlgefallen« der ästhetischen Anschauung unvereinbar. Diese Umkehrung der konventionellen Ästhetik läuft darauf hinaus, die Unmenschlichkeit in der Wirklichkeitsferne des Idealismus aufzuzeigen, insbesondere im klassischen Gebot der ›Entsagung‹ mit seinem Verzicht auf Glückserfüllung um eines höheren Gutes willen. Es wirft ein Licht auf die politische Komponente der Idealismus-Kritik, daß das Streben nach Glück laut amerikanischer Verfassung zu den unveräußerlichen Menschen-

rechten zählt. Wenn Lenz gegen das »Immer steigen, ringen
und so in Ewigkeit alles, was der Augenblick gibt, wegwer-
fen und immer darben, um einmal zu genießen« (16) pole-
misiert, dann auch, unter Anspielung auf Goethes »Wer immer strebend sich bemüht«, gegen den »faustischen Menschen«, der gerade dabei ist, sich zum nationalen Leitbild zu
mausern.[88] In verwandter Absicht stellt Lenz der Kunst des
›schönen Scheins‹ das ›Naturschöne‹ entgegen. Die Mäd-
chengruppe »neben am Tal« (14) hat ihn gelehrt, daß sich
Schönheit nur im Wirklichen und als dessen Gesetz offenbare, und zwar im Widerspruch zum klassizistischen Form-
ideal einer in sich ruhenden, zeitlosen Schönheit in der Dy-
namik »eine[r] unendliche[n] Schönheit, die aus einer Form
in die andre tritt, ewig aufgeblättert, verändert« (15). Die
Verbesserer von Gottes Natur *hindern* folglich den Menschen an der Erfahrung der Schönheit, wenn sie ihm die
Wirklichkeit, wo im Wechsel des Lebendigen das Schöne eigentlich erst zum Ausdruck gelangt, vorenthalten.
Nun hat jedoch die Schönheit im Leiden, besonders wenn
es durch keinerlei Zweck zu rechtfertigen ist, ihre Kehrseite.
Führt die idealistische Kunst vom Leiden zur Theodizee, so
Lenz wie *Danton* mit der Erkenntnis seiner Absurdität
zum Atheismus. Behalten selbst die tragischsten Figuren
des Idealismus das Bewußtsein, Teil einer vernunftbe-
herrschten, sinnvollen Welt zu sein, und schöpfen sie daraus
die Kraft zum »Steigen« und »Ringen«, so kennt Lenz nur
»die nach Rettung dürstende Angst, die ewige Qual der Un-

---

88 So daß Lenz hier durchaus als auktoriales Sprachrohr fungiert. Übrigens
   begann kaum zu Lebzeiten Lenz', geschweige denn 1778, zur Zeit des Ge-
   sprächs, die »idealistische Periode«; sie kann also auch von Lenz nicht be-
   urteilt werden, sondern nur von seinem Autor, der das im Brief vom
   28. Juli 1835 an die Familie (L II,444) sowie im ›Kunstgespräch‹ des *Danton*, II,3, und dort folgendermaßen tut: »Setzt die Leute aus dem Theater
   auf die Gasse: die erbärmliche Wirklichkeit! – Sie vergessen ihren Herrgott
   über seinen schlechten Kopisten. Von der Schöpfung, die glühend, brau-
   send und leuchtend, um und in ihnen, sich jeden Augenblick neu gebiert,
   hören und sehen sie nichts« (35).

ruhe« (29), d. h. die Unruhe als Qual, nicht als Ansporn zu
vermehrtem Streben. Mit der Revision von Goethes Lenz-
Bild nimmt Büchner auch das idealistische Menschenbild
der vernunftbestimmten, selbstherrlichen Persönlichkeit
zurück. Ihm ist menschliche Hinfälligkeit und Zerbrech-
lichkeit die »Möglichkeit des Daseins«, die ihn als Künstler
angeht. Dadurch, daß sie das Mitleid zu einer dem Menschen wesentlichen Fähigkeit aufwertet, verlangt und ermöglicht sie zugleich echte künstlerische Gestaltung.

Nach Heinrich Anz ist der Schluß berechtigt, im *Lenz*
werde das Leiden »zu einem möglichen letzten Ziel«[89]. So-
viel daran ist richtig, daß die Leidensthematik im *Lenz* all-
gegenwärtig ist: in der Spielart des Weltschmerzes als Leiden an der Zeit, der Langeweile, der Einsamkeit und Sinn-
Leere, als Leiden an Gott, dem Allmächtigen, doch nicht
Allgütigen, ferner als Leiden an Familie und Gesellschaft
sowie in der Angst, der immer unglücklichen Liebe und in
der Krankheit, kurz, als Leiden am »Dasein [. . . als] eine[r]
notwendige[n] Last« (31). Hier heißt es (unter Vorwegnahme des *Woyzeck*): »[. . .] der Himmel war ein dummes
blaues Aug, und der Mond stand ganz lächerlich drin, ein-
fältig. Lenz mußte laut lachen, und mit dem Lachen griff
der Atheismus in ihn und faßte ihn ganz sicher und ruhig
und fest« (22).[90] Das pietistische »Leiden [als] Gewinst
[und] Gottesdienst« ist mit Lenz' Konvulsionen im Gefolge
der Predigt und durch die »Wollust« des Schmerzes um
seine fromme Aura gebracht.[91] Genausowenig wie die
Krankheit zur ›Übergesundheit‹ des Genies umgepolt wird,
ist das Leiden als letztes Ziel verklärt. Es scheint, als sei es
bereits hier in seinem »realen Augenblick« (Thomas Mann,
Doktor Faustus) Gegenstand der Kunst und, wie es sich für

---

89 Heinrich Anz, »›Leiden sey all mein Gewinst‹. Zur Aufnahme und Kritik
   christlicher Leidenstheologie bei Georg Büchner«, in: *GBJb* 1, S. 160–168.
90 Vgl. Walter Hinderer, »*Lenz*. ›Sein Dasein war ihm eine notwendige
   Last‹«, in: *Int*, S. 63–117, insbesondere S. 97–111.
91 Vgl. Dedner (Anm. 1), S. 193 ff.

eine Ästhetik *nach* der »Kunstperiode« gehört, zu keiner
Symbolik nutze und zu keinem »Spiel der Kunst« mißbraucht, und zwar mit Konsequenzen für die Kunstpraxis
nach Büchner.

Es erhebt sich die Frage, wie es Büchner im *Lenz* mit der
darin proklamierten Kunstanschauung hält. Die Personen-
gestaltung mag dafür als Beispiel dienen. Lenz' hervorste-
chendes äußeres Merkmal ist das bei einem erwachsenen
Mann ungewöhnliche, bleiche Kindergesicht. Die Kindhaftigkeit wird verstärkt durch die blonden Locken, die ihm
leicht ins Gesicht fallen, die von Oberlin darin entdeckte An-
mut und seine Schüchternheit. Lenz ist Kind – Gotteskind,
Menschenkind. Kindsein ist sein »eigentümliche[s] Wesen«
(15). So sind die Rollen, in denen ihm in der Erzählung die
Menschen vor allem begegnen, Kind, Mutter und Vater.

Kinder erscheinen meistens wie das Christuskind in der
Gruppe der Heiligen Familie. Das Licht fällt auf das Kindergesicht im Zentrum. Daß es – wie bei Lenz selbst – auf
das Gesicht ankommt, zeigt die Formulierung, »[e]ine
Lampe erhellte fast nur einen Punkt, ihr Licht fiel auf das
bleiche Gesicht eines Mädchens« (18). Bei seinem Blick
durch die Fenster in Waldbach sieht Lenz charakteristische
Teile der späteren Familienbilder: Lichter, »Kinder am Tische, alte Weiber, Mädchen, alles ruhige, stille Gesichter«
(6 f.). In Oberlins Haus tritt »das helle Kindergesicht« hervor, »auf dem alles Licht zu ruhen schien und das neugierig,
vertraulich aufschaute, bis zur Mutter« hin (7). Lenz sieht
in diesem Kind, was er sucht und zunächst bei Oberlin findet: Helle, Kontakt mit dem Leben, Geborgenheit. Auch
auf das Gesicht des Mädchens in der Hütte (18 f.) fällt das
Licht, doch es ist bleich, die Augen sind halb geöffnet wie
bei dem toten Kind in Fouday, und seine Glieder zucken.
Diese Züge kehren in der Beschreibung des ernüchterten,
geängstigten und wahnsinnigen Lenz wieder (6, 7, 12). Am
Morgen ist das Geisterhafte aus dem Gesicht des Mädchens
verschwunden, »sie hatte jetzt einen Ausdruck unbeschreib-

lichen Leidens« (19). Der hervorstechende Zug dieser Figur
ist das Leiden, das in dem Dämmerzustand zwischen Bewußtsein und Traum aufgehoben ist. Bevor er an die Hütte
kommt, befindet sich Lenz in einem ähnlichen Dämmerzustand: »es verschmolz ihm alles in eine Linie, wie eine stei-
gende und sinkende Welle, zwischen Himmel und Erde, es
war ihm als läge er an einem unendlichen Meer, das leise
auf- und abwogte« (17). Lenz' Kindhaftigkeit ist außer
durch seine Identität mit Kindern durch Vergleiche seiner
Erfahrungen mit denjenigen von Kindern akzentuiert, z. B.
seine Angst vor der Dunkelheit (9), die Nachgiebigkeit gegen sich selbst: »er ging mit sich um wie mit einem kranken
Kinde« (17), das Gefühl, ohne Elternliebe zu sein (22), oder
seine Klage, die »wie der Jammer eines Kindes« (29) ist.
Es fällt auf, daß es als Kinder nur Mädchen, aber keine Jungen gibt. Oberlin spricht »von Mädchen, die das Wasser
und das Metall unter der Erde fühlten« (12), das Kind in
der Hütte und in Fouday ist eines, und auch Friederike ist
in Lenz' Vorstellung »[g]anz Kind« (21). Die Erklärung für
diese Auswahl liegt in der Lebenssituation solcher Mädchen, die, geprägt von Enge, Krankheit, Aberglauben, stil-
lem Dulden und Ausweglosigkeit, derjenigen von Lenz äh-
nelt.
Eine besondere Rolle spielt die Gruppe der zwei Mädchen
auf einem Stein, anhand deren Lenz seine Ansicht von
künstlerischer Menschendarstellung erklärt: »die eine band
ihre Haare auf, die andre half ihr; und das goldne Haar hing
herab, und ein ernstes bleiches Gesicht, und doch so jung,
und die schwarze Tracht und die andre so sorgsam bemüht«
(14). Versteinert wäre diese Gruppe ein Kunstwerk nach
Lenz' Geschmack, aber erst ihre Auflösung und Neugrup-
pierung vermittelt dem Betrachter das der Kunst Wesentli-
che: »eine unendliche Schönheit, die aus einer Form in die
andere tritt«, und dieses Erlebnis offenbart ihm, daß der
Künstler die »Menschheit lieben« müsse, »um in das eigentümliche Wesen jedes einzudringen« (15). In der Auswahl

der mitgeteilten Züge (goldenes Haar, dagegen ernstes bleiches Gesicht und schwarze Tracht, so jung, doch so sorgsam bemüht) kommt das »eigentümliche Wesen« dieser Gruppe zum Ausdruck, der Moment zwischen Kind- und Erwachsensein; sie betont auch die dunkle Seite in diesem Leben und deutet darin eine Identität mit Lenz an.

Die andere anonyme weibliche Gruppe sind die Mägde. Sie fungieren als eine Art Chor oder Volkes Stimme, die gegen Ende der Erzählung laut wird. Sie sind gekennzeichnet durch Neugier, Klatschsucht und Aberglauben. Dieses ihr Wesen ergibt sich aus ihrem Verhältnis zu Lenz. Sie wohnen in der Kinderstube unter ihm und belauschen ihn, wobei sie oft ein Brummen oder ihn die »Nacht hindurch beten« hören (26), sie reden über ihn, halten »ihn für einen Besessenen« (29) und fliehen vor ihm. Nach seinem Sturz aus dem Fenster ist die Kindsmagd »todblaß und ganz zitternd« (30). Diesen letzten Oberlins Bericht entnommenen Worten kommt das Gewicht eines Urteils derer zu, denen der fremdartige Lenz nicht geheuer ist, die ihn mit Argwohn betrachten, verdächtigen und fortwünschen. Das Gegenstück zu diesem ›Chor‹ der Mägde sind die »Leute«, insofern sie die mitmenschliche Atmosphäre im Gebirge bestimmen, bis sie von den Mägden abgelöst werden. Sie sind eine undifferenzierte Gruppe von Einheimischen, ausgezeichnet durch ihre Freundlichkeit gegenüber Lenz: sie weisen ihm den Weg, sie kommen ihm zu Hilfe, sie rufen ihm zu, sie erzählen ihm, was er wissen will, sie neigen wie er zu mystischen religiösen Erlebnissen und nehmen Träume und Ahnungen ernst. Lenz ist ein Fremdling im Gebirge wie der hagere Heilige, aber wie diesen haben ihn die Leute in ihre Gemeinschaft der Armen, Verirrten und Leidenden aufgenommen. Zwar erzählen auch sie »sich allerlei Seltsames von ihm«, aber im Gegensatz zu den Mägden tolerieren sie den Kauz: »Die Leute im Tale waren ihn schon gewohnt« (21).

So wie das Licht, das wie ein Heiligenschein die Kinderge-
sichter heraushebt, sich davon herleitet, daß das einzige
Licht von einer Tischlampe kommt, so ergibt sich die Ma-
donnenhaftigkeit der Mutterfigur aus der dunkel grundier-
ten Realität dieser Frauenleben. Die Frauen tragen Tracht,
sie verharren im Hintergrund und versorgen den Haushalt
unauffällig; Gesangbuch und Kind sind ihre Embleme.
Lenz' Begeisterung für das Bild des Holländers Nicolaes
Maes (1634–93) verrät seine Vorliebe auch für diese Figur.
Als Lenz Madame Oberlin zum ersten Mal sieht, erkennt er
sie als die »Mutter, die hinten im Schatten engelgleich stille
saß« (7). Jedes Wort dieser kurzen Beschreibung nennt einen bezeichnenden Zug ihres Wesens, wie er es zu jener
Zeit wahrnimmt. Als er sie später sieht, »das schwarze
Gesangbuch vor sich, neben eine Pflanze, im Zimmer gezogen, das jüngste Kind zwischen den Knieen« (20), ist das
Bild entmythisiert: Das Schatten- und Engelhafte fehlen,
realistische Details sind hinzugekommen. Zwischen den
beiden Bildern liegt der Besuch in der Hütte, wo die Stelle
der Mutter so besetzt ist: »Weiter weg im Dunkel saß ein al-
tes Weib, das mit schnarrender Stimme aus einem Gesangbuch sang« (18). Man hört noch von ihr, daß sie halb taub
ist, daß sie Lenz das Essen aufträgt und eine Schlafstelle zu-
weist, daß sie ununterbrochen bis in die späte Nacht hinein
und wieder am Morgen ihr Lied schnarrt und mit den
Nachbarn, die wegen des Heiligen gekommen sind, plau-
dert. Diese knappen Aussagen treffen ihr »eigentümliches
Wesen«. Neben Beschwerden und Stumpfheit deuten sich
Gelassenheit und Umgänglichkeit an. Ist sie auch hexenhaft,
verglichen mit der engelhaften Madame Oberlin, so ist sie
doch gastfreundlich und vertrauend. Aber sie ist keine Mutter, bei der Lenz sich bergen könnte, und diese Erfahrung
färbt auf sein Bild der Madame Oberlin ab. Lenz' eigene
Mutter gehört nicht unter die so gestalteten Mutterfiguren,
kommt sie doch nicht mit eigenem Wesen in Wirklichkeit,
sondern nur in Lenz' Visionen vor: sie beschert alles, ist

groß, in weißem Kleid mit einer weißen und roten Rose,
Rosen (auf dem Grab) wachsen über sie.

Lenz' Vater ist das Gegenteil eines idealen Vaters, der führt,
versteht und hilft; er bedroht mit der Forderung, ihn zu
»unterstützen« (16), das Kind Lenz existentiell. So flieht
Lenz vor ihm zu Oberlin, dem Ideal eines Vaters, bis der
ihn verläßt und mit seinen Ermahnungen die Partei seines
Vaters ergreift. In der Hütte am Abhang zum Steintal hat
die Rolle des Vaters ein Mann, »lang und hager«, mit »Spuren von grauen Haaren«, mit unruhigem verwirrtem Gesicht« (18), inne. Der ihm eigene »elementarische Sinn« (13)
einfacher Leute erklärt seine übernatürlichen Erlebnisse
und Gaben. Er ist neben Oberlin der einzige Mann, den
Lenz genauer beobachtet. Gewöhnlich versenkt er sich in
die Beobachtung von Frauen. Nur sie nimmt er beim Blick
in die Häuser und unter den Kirchgängern wahr (11). Nun
entspricht das zwar der Realität, da im Gebirge Männer für
einen Besucher im Pfarrhaus weniger sichtbar sind als
Frauen, aber es folgt auch aus Lenz' Hang, die Ruhe, nach
der er sich sehnt, im Anblick von Frauen zu finden.[92]

Die Ereignisse in der Hütte sind dadurch hervorgehoben,
daß sich Lenz hier für gewisse Zeit selbst vergißt und der
Beobachtung anderer hingibt. Das Hüttenerlebnis fungiert
als desillusionierendes Lehrstück für ihn. Es zerrüttet die
beiden Wunschbilder, in denen seine Sehnsucht nach Ruhe
und die Hoffnung auf Gesundung Gestalt bekommen: Einmal möchte er sein wie die einfachen, stillen Mädchen, deren Wesen Bescheidung und innere Ruhe ist; zum anderen
möchte er geborgen sein bei einem Vater, zu dem er aufblik-
ken kann. Lenz erkennt hier, daß auch ein einfaches Mädchen der Gewalt des Wahnsinns ausgesetzt ist, und die Vor-

---

92 Zwar könnte hier, vgl. Hasselbach (Anm. 81), S. 102, die Möglichkeit einer
   homosexuellen Neigung zur Debatte stehen. Aber den historischen Lenz
   als Homosexuellen zu ›outen‹ wie Roman Graf, »Closet Performances by
   J. M. R. Lenz«, in: *Outing Goethe & his Age*, hrsg. von Alice A. Kuzniar,
   Stanford 1996, S. 77–93, scheint mir unberaten.

stellung zerschlägt sich, daß nur er aufgrund seiner indivi-
duellen Situation den Verstand verliert. Von da an werden
auch die Mädchen Träger von Leid, Verwirrung und Tod.
Der Wunsch nach Geborgenheit bei einem väterlichen
Mann wird Lenz durch den Heiligen verleidet. Lenz wird es
»unheimlich mit dem gewaltigen Menschen, von dem es
ihm manchmal war, als rede er in entsetzlichen Tönen« (19)
– was auf die »entsetzliche Stimme« (30) und »die entsetzliche Leere« (31) seines Endes im Wahnsinn vorausweist.[93]
Unter dem Gesichtspunkt seiner Kunsttheorie ist Lenz' Besuch in der Hütte – eine der von Büchner hinzuerfundenen
Episoden – seine Berührung mit dem Leben der Geringsten, damit auch seine bzw. Büchners Chance, die eigene
Forderung an den Künstler, es wiederzugeben »in den Zuk-
kungen, den Andeutungen, dem ganzen feinen, kaum bemerkten Mienenspiel« (14), zu erfüllen. Armut, Alter,
Krankheit, Wahn und Dumpfheit sowie Preisgegebenheit
an dieses Leben machen das Elend aus, das Lenz im Steintal
vorfindet. Der Leser fühlt Mitleid und Neugier, denn für
viele der beobachteten Erscheinungen gibt es keine Erklä-
rungen. Das Besondere dieser Lebensgemeinschaft teilt sich
darin mit, wie die menschliche Substanz dieser Armen in
solcher Existenz Form gewinnt. Weder ist die schnarrende
Alte nur eine ins Hexenhafte verzerrte und verminderte
Madame Oberlin, noch ist der »Heilige« ein bloßer Betrü-
ger. Auch in der Beschreibung des Mädchens zeichnen sich
Umrisse eines nur ihm eigentümlichen Lebendigseins ab.
Der unheimliche Glanz seiner zunächst halb, dann »weit
geöffneten Augen« (18), wie es liegt, »die Hände gefaltet
unter der linken Wange« mit dem »Ausdruck unbeschreib-
lichen Leidens« (19), sein Zucken, die »langsam ziehenden,
durchschneidenden« (18), dann leise verhallenden Töne, die
es von sich gibt, und seine rätselhafte Vision von der Kirche
auf der Klippe gegenüber: das hat man so noch nicht gehört,

93 Zu den stilistischen Einflüssen vgl. Hinderer (Anm. 57), S. 165–171, sowie
   Hasselbach (Anm. 81), S. 48–52.

und es ist unvergeßlich. Das Lebendigsein dieser als patho-
logisch gebrandmarkten Menschen wird in solchen Be-
schreibungen spürbar.

Gutzkows Ausruf »Welche Naturschilderungen: welche
Seelenmalerei!«[94] trifft mit seinem zweiten Teil den Kern
der Sache. Die Naturbilder sind Teil der Seelenmalerei und
darin Zeugnis einer für Büchners Zeit ungewöhnlichen Er-
zählkunst. Der romantischen Naturschilderung als Innen-
porträt des erlebenden Ich ähnlich, sind sie der Tendenz
nach von dieser ganz verschieden. Zum Beispiel ist die romantische Idee, daß die Welt (= Natur) sich mit ihrem Geheimnis dem traumhaften Bewußtsein offenbare, mit Lenz'
traumhafter Wirklichkeitswahrnehmung unterhöhlt, da
diese bei ihm ein Symptom katatonischer Depersonalisation
ist, was der Arzt in Büchner den Dichter wissen läßt.
Ebenso ist die Art, wie die Naturbilder die Erzählung glie-
dern, wie sie sich aus Bildelementen aufbauen, die in toto
am Anfang eingeführt sind, und wie diese so arrangiert werden, daß die neuen Bilder auf den allen zugrundeliegenden
Zusammenhang verweisen, eine bereits hochentwickelte
Form der Leitmotivtechnik. Aber hier gilt es zu unterschei-
den, denn im *Lenz* fungieren die leitmotivisch wiederkeh-
renden Landschaftsstrukturen als »objective correlatives«[95],

---

94 So im *Telegraph für Deutschland*, Januar 1839.
95 Nach dem von T. S. Eliot eingeführten Begriff handelt es sich dabei um
»a set of objects, a situation, a chain of events which shall be the formula
of that particular emotion, such that when the external facts, which must
terminate in sensory experience, are given, the emotion is immediately
evoked«. T. S. Eliot betrachtet dies als die einzige Art, in der modernen Kunst Gefühl auszudrücken. Der Begriff ist für den *Lenz* deshalb
besonders brauchbar, weil er sich vom Symbol unterscheidet und so den
Gedanken verbietet, es handle sich hier doch um sinnbildliche Darstellung.
Zur Einzelauslegung der verschiedenen Landschaftsbilder vgl. Hasselbach
(Anm. 81), S. 61–65, sowie das erschöpfende, überaus gelehrte und brillante
Buch von Harald Schmidt, *Melancholie und Landschaft. Die psychotische
und ästhetische Struktur der Naturschilderungen in Georg Büchners
»Lenz«*, Opladen 1994 (Kulturwissenschaftliche Studien zur deutschen
Literatur).

d. h. als Bestand von Dingen, Situationen und Ereignissen,
der zur Formel für eine bestimmte Emotion wird und diese
hervorruft.
Was die Form im ganzen betrifft, so ist die Erzählung mit
dem lakonischen Schluß »So lebte er hin« der Glücksfall
eines Fragments. Angesichts ihrer Geschlossenheit will es
schwer eingehen, daß die Hälfte mehr oder weniger Entwurf geblieben ist. Die Gattungsbezeichnung »Novelle« ist
schon deshalb denkbar unangebracht. Sie hat sich infolge
der Briefe Gutzkows vom 12. Mai 1835 und 6. Februar
1836 (hier: »Eine Novelle Lenz war einmal beabsichtigt«,
L II,487) eingebürgert und dann hartnäckig gehalten. Viel
Aufhebens ist von der formalen Modernität des *Lenz* mit
seiner Vorwegnahme des naturalistischen Sekundenstils, im-
pressionistischer Landschaftsschilderung oder des ›expressi-
ven Seelenlauts‹ gemacht worden.[96] Den Kern der Sache
scheint Reinhard Baumgart zu treffen: »Es sind diese jähen,
wilden Perspektivschnitte zwischen einer kühl registrieren-
den Außen- und einer emphatisch mitagierten Innenansicht
der Lenzperson, die den Text prägen und auch seinen Leser
taumeln, die Lektüre schlingern lassen. Die Außen- wie die
Innenperspektive, wie auch der jähe Wechsel zwischen beiden, alles trügt: dieses zuckende Chaos namens Lenz kann
in eine verbindliche sprachliche und erzählerische Ordnung
nicht mehr gebracht werden.«[97]

96 U. a. hat Arnold Zweig in dem Satz »Er ging gleichgültig weiter, es lag ihm
    nichts am Weg [. . .]« (5) den Beginn der modernen europäischen Prosa ge-
    sehen, vgl. Henri Poschmann, *Georg Büchner. Dichtung der Revolution
    und Revolution der Dichtung*, Berlin 1983, S. 166.
97 Baumgart (Anm. 46), S. 103.

> ... aber ich, wär' ich allmächtig, sehen
> Sie, wenn ich so wäre, und ich könnte
> das Leiden nicht ertragen, ich würde
> retten, retten ...
>
> *Lenz*

Woyzeck. Dramenfragment. Während die meisten Handschriften Büchners verloren oder nur bruchstückhaft erhalten sind, auch die davon angefertigten saubereren Abschriften
nicht mehr existieren und man bei der Textgestaltung auf
die Erstausgaben angewiesen ist, gibt es für das Fragment
Woyzeck 4 Handschriften mit z. T. verschiedenen Szenen
und Szenenfolgen. Nach Alfons Glück handelt es sich trotz-
dem dabei »um *eine* Konzeption, die schrittweise ausgear-
beitet wurde in Richtung auf eine soziale Ableitung der Re-
aktionen und Beweggründe oder ›Schübe‹ der Opfer – bis
zu dem Punkt, der H 4 erreicht ist«.[98]
Vermutlich begann Büchner mit dem ersten Entwurf im
Spätsommer 1836, worauf der Brief an die Familie vom
September 1836 (L II,460) deutet. Da er im Januar 1837
(Brief an Minna, L II,463) den baldigen Abschluß erwartete,
vor allem aber, weil H 4 eine fortgeschrittene Entwicklungs-
stufe darstellt, betrachtet man heute H 4 als letzten Entwurf
und legt sie den Ausgaben zugrunde.[99] Der Herausgeber
der Studienausgabe, Burghard Dedner, betont, daß alle
überlieferten Manuskripte Entwürfe sind und eine Reinschrift zwar denkbar sei, es dafür aber keine Anhaltspunkte
gebe. Mit der Niederschrift von H 1 und H 2 begann Büchner vor seiner Übersiedlung nach Zürich am 18. Oktober
1836. Ob er dort an dem Werk weiterarbeitete, ist nicht be-
kannt. H 1 ist vermutlich der erste zusammenhängende Ent-

---

98 Alfons Glück, »*Woyzeck*. Ein Mensch als Objekt«, in: *Int*, S. 177–215, hier
   S. 180.
99 Vgl. Georg Büchner, *Woyzeck. Studienausgabe*, hrsg. von Burghard Dedner, Stuttgart 1999 (Reclams Universal-Bibliothek, 18007) insbesondere
   das Nachwort, S. 175–210, zur Entstehung und zum Verständnis der
   Handschriften. – Im folgenden zitiert als: Dedner.

I.C. WOYCECK

geboren in Leipzig A.° 1780.

Johann Christian Woyzeck.
Anonymer Stich, 1824

wurf, und H 2 eine erweiterte Version des ersten Dramen-
drittels. H 3 enthält nur zwei Szenen: die erste ist vermutlich eine Alternative zur Doktor-Szene von H 2,6, die
zweite ist wahrscheinlich später als H 4 entstanden. Ludwig
Büchner waren die Handschriften zu lückenhaft und unle-
serlich für seine Ausgabe des Nachlasses. Der Erstdruck
von 1879 mit dem ihm von Karl Emil Franzos gegebenen
Titel *Wozzeck* regte Alban Berg zu seiner Oper *Wozzeck*
an. Sie hatte am 14. Dezember 1925 an der Staatsoper in
Berlin Premiere und wurde ein Welterfolg. Von der Urauf-
führung des *Wozzeck* am 8. November 1913 im Residenztheater zu München an hat sich das Stück bis um 1927 viele
deutschsprachige und ausländische Bühnen erobert.
Was die verschiedenen Quellen über Johann Christian Woyzecks Mord an seiner Geliebten Johanna Christiane Woost
am 21. Juni 1821 in Leipzig (er 41, sie 46 Jahre alt) angeht,
so hat Büchner das meiste aus den beiden »Gutachten des
Hofrats Dr. Johann Christian Clarus über den ›Gemüthszu-
stand des Inquisiten‹« geschöpft.[100] Im ersten erklärt Clarus
den Angeklagten für zurechnungsfähig; im zweiten, das er
aufgrund neuer Indizien zur Geistesverwirrung und nach
zwei abgelehnten Gnadengesuchen Woyzecks anzufertigen
beordert war, bittet er um ein »Responsum der medizinischen Fakultät« (Bornscheuer, 60), das dann auch seinen Befund bestätigt. Eine von Woyzecks Anwalt nochmals angestrebte Untersuchung wird abgelehnt und das zweimal ge-
fällte Urteil, Hinrichtung mit dem Schwert, am 27. August
1824 auf dem Marktplatz in Leipzig vollstreckt.
Das Sujet war wegen der sozialen Stellung des Angeklagten,
seiner Geisteskrankheit und der mit der Hinrichtung offen-
gebliebenen Fragen wie geschaffen für einen Dramatiker

---

100 Vgl. Bernd Bornscheuer: *Erläuterungen und Dokumente: Georg Büch-*
ner, »Woyzeck«, Stuttgart 1972 [u. ö.] (Reclams Universal-Bibliothek,
8117). Die Quellen sind darin auszugsweise wiedergegeben und kommentiert; ebd. S. 49–88. – Die Ausgabe wird im folgenden zitiert als:
Bornscheuer.

wie Büchner. Woyzeck war in der Tat einer der »Geringsten«, und anders als sich in sein »Leben« zu »senken«, war
dem Stoff, der bis heute keinen anderen dichterischen Bearbeiter gefunden hat, gar nicht beizukommen. Er forderte
obendrein den Mediziner in ihm zur »Fundamentalkritik
bestimmter Traditionen einer ›repressiven Kriminalpsychiatrie‹« (Bornscheuer, 50) heraus. Lothar Bornscheuer vermutet, daß Büchner sich »an dem Faktum des Mordes entzündet und nach dessen Gestaltung (Ha) in mehreren Vorstö
ßen (Hb bis Hd/He) zu den Motivhintergründen *seiner*
Konzeption durchgearbeitet hat, daß sich Büchner also
selbst einer ähnlichen Aufgabe unterwarf, vor der die Ärzte
und Richter in den historischen Mordfällen standen« (Bornscheuer, 50). Mit Woyzeck präsentiert Büchner der Öffentlichkeit ein Opfer aktueller Rechtsprechung, das sich zu ihrer und der Sachverständigen Belehrung über des Menschen
»Charakter«, seine »Struktur« und »Natur« und dazu, daß
es »mit der Natur [. . .] was anders« ist (22), eignet.[101]
Der hier benutzten Lese- und Bühnenfassung der Studienausgabe liegt H 4 zugrunde, bei der es sich um den »letzten
dokumentierten Willen des Autors handelt« (Dedner, 201).
Diese Fassung besteht aus den Szenen 1–17 von H 4, gefolgt
von den Szenen 4–11 von H 1. Szene 3 setzt sich, mit Ausnahme des Szenentitels »Buden. Lichter. Volk« von H 4, aus
Teilen von H 1 und H 2 zusammen. In Szene 9 ist H 2,7
»Woyzeck kommt gelaufen« eingefügt. Die Lesefassung
schließt mit dem Hinweis auf H 3,2 als möglicher letzter
Szene.
⟨1⟩ Der Soldat Franz Woyzeck hat, während er vor der
Stadt mit seinem Stubengenossen Andres Stöcke schneidet (eine seiner ungenannten Gelegenheitsarbeiten?), Ge

101 Dies kommentiert Ludwig Völker in »Woyzeck und die ›Natur‹«, zitiert
nach Bornscheuer, S. 15, folgendermaßen: »[Z]u der Determination durch
das persönliche Wesen, durch die individuelle Eigenart, durch das von
Anlage und Umstände [sic!] geprägte ›Naturell‹, kommt eine Determination durch das ›Natürliche‹, ›Triebhafte‹, ›Elementare‹ der bloßen Lebenskraft.«

sichte und hört Stimmen. Seine Angst vor Weltuntergang und Weltgericht macht er an dem ihm unverständlichen Begriff der Freimaurer fest. Andres, obwohl von ihr angesteckt, hört in der Stille nur die trommelnden Soldaten, die im nächsten Bild ⟨2⟩ an Maries, Woyzecks »Mädels«, Fenster vorbeiziehen. Marie, ihr und Woyzecks Kind auf dem Arm, wirft dem grüßenden Tambourmajor einen, wie ihre Nachbarin Margreth bemerkt, ›durchdringenden‹ Blick zu. Mit den Worten »Komm, mein Bub. Was die Leut wollen« (ein Brechtscher gesellschaftlicher Gestus) wendet sie sich ab. Vor dem »Verles« (Appell) sieht Franz herein, berichtet von seinen Erlebnissen auf dem Feld und erscheint der dabei »schauernden« Marie »so vergeistert«[102](12).

⟨3⟩ Ein Ausrufer preist den Schaulustigen, darunter Marie, Woyzeck, der Tambourmajor und ein Unteroffizier, sein Prachtstück, das »astronomische Pferd [...] mit der doppelte Räson«, an. Die Vorführung des Tieres, das »die menschlich Societät« (12–14) mit seiner Intelligenz und seiner dennoch intakten »unidealen« Natur (s. seine »ungebührliche« Aufführung) beschämt, ist der komische Hintergrund zur Debatte über menschliche Freiheit und tierische Natur.

⟨4⟩ Als Woyzeck Marie den Sold abliefert, überrascht er sie beim Anlegen von Ohrringen, die sie gefunden zu haben vorgibt. Nachdem Woyzeck abgetreten ist, monologisiert sie »(allein nach einer Pause) ich bin doch ein schlecht Mensch. Ich könnt' mich erstechen. – Ach; Was Welt? Geht doch Alles zum Teufel, Mann und Weib« (16).

⟨5⟩ In Leonce-Manier ergeht sich der Hauptmann in Betrachtungen über »Zeit«, »Ewigkeit« und »Beschäftigung« (17) – über diese, um jene auszufüllen. Für den Hauptmann ist Woyzeck zwar »ein guter Mensch«, aber ohne »Moral«, da er »ein Kind, ohne den Segen der Kirche« (17) hat. Ihn

---

102 Wahrscheinlich handelt es sich bei ›vergeistert‹ um ein verlesenes, elsässisches ›vergelstert‹, das für ›verzweifelt‹ ebenfalls im Oberhessischen gebräuchlich ist.

verwirrt und entwaffnet es, als Woyzeck ihm erwidert, »der liebe Gott wird den armen Wurm nicht drum ansehn, ob das Amen drüber gesagt ist, eh' er gemacht wurde«, und ihn aufklärt: »Wer kein Geld hat. Da setz einmal einer mein'sgleichen auf die Moral in der Welt. Man hat auch sein Fleisch und Blut« (18).

⟨6⟩ Diesen Faden nimmt der Tambourmajor auf seine Art auf, wenn er vor Marie mit seiner Männlichkeit protzt: »der Prinz sagt immer: Mensch, er ist ein Kerl. Marie (spöttisch). Ach was! [...] Mann!« (19). Marie widersetzt sich zunächst, willigt aber gleich ein, denn »Es ist Alles eins« (20).

⟨7⟩ Woyzeck, der einen Mann gesehen zu haben behauptet, meint gegenüber Marie: »O, man müßt's sehen, man müßt's greifen können mit Fäusten. [...] Eine Sünde so dick und breit« (20).

⟨8⟩ Woyzeck kommt dem Doktor philosophisch und entschuldigt sein Vergehen, an die Wand gepißt zu haben, mit seiner Natur. Er spielt den Begriff der »doppelten Natur« in seine Gesichte und Stimmen ein, redet (wie Novalis) von der Hieroglyphenschrift der Natur, die man sollte lesen können, handelt sich aber dafür nur die Diagnose einer »aberratio, mentalis partialis, die zweite Species [...], mit allgemein vernünftigem Zustand« (22 f.) und eine Zulage für das Gelingen des Experiments an ihm ein.

⟨9⟩ Als potentiellem Fall einer »apoplexia cerebralis« (24) wendet der Doktor, dem alles, was ihm unter die Finger gerät, zum Versuchsobjekt wird, danach dem Hauptmann sein Interesse zu.

Diese Begegnung ist der Auftakt zur Satire auf die Kleinstadtprominenz der Militärs und Wissenschaftler, die tonangebende Schicht in der Garnisons- und Universitätsstadt. Wie bereits in ⟨5⟩, wo der Hauptmann das Motiv des Gehetztseins einführt: »Woyzeck, er sieht immer so verhetzt aus. Ein guter Mensch tut das nicht« (17), hält er den vor-

beilaufenden Woyzeck mit den Worten an: »Er läuft ja wie
ein offnes Rasiermesser durch die Welt, man schneidt sich
an ihm« (24). Dieses groteske Bild spiegelt Woyzecks äu-
ßere Rastlosigkeit und wachsende innere Ruhelosigkeit.
Der Hauptmann trägt Woyzeck den Kleinstadtklatsch von
Maries Verhältnis mit einem der Soldaten zu und weidet
sich an seiner Verwirrung; der Doktor benutzt die Gelegenheit, Woyzeck den Puls zu messen, Gesichtsmuskeln und
Haltung zu prüfen.

Die Satire auf den besessenen Wissenschaftler und auf die
spekulative Philosophie im Subjekt-Objekt-Diskurs hat
ihr Gegenstück in der Predigt des betrunkenen Hand-
werksburschen in ⟨11⟩, wenn der den teleologischen Got-
tesbeweis folgendermaßen ad absurdum führt: »Warum ist
der Mensch? – Aber wahrlich ich sage Euch, von was hätte
der Landmann, der Weißbinder, der Schuster, der Arzt leben sollen, wenn Gott den Menschen nicht geschaffen
hätte? Von was [...] der Schneider [...], wenn er dem
Menschen nicht die Empfindung der Scham eingepflanzt«
(29).[103]

⟨10⟩ Woyzeck hält es nicht bei Andres in der Wachstube,
denn er vermutet Marie beim Tanz mit dem Tambourmajor.
⟨11⟩ Maries »immer, zu, immer zu«, womit sie den Tambourmajor beim Tanzen anfeuert, hallt wider in Woyzecks
mit erstickter Stimme hervorgepreßtem »Immer zu. – immer zu. (Fährt heftig auf und sinkt zurück auf die Bank.)
[...] Dreht Euch, wälzt Euch [...], Mann und Weib,

---

103 Die Satire deutet auf Gießen, Garnisonsstadt und »Studentendorf«
(Hauschild, Anm. 8, S. 236–240). Im Doktor sind Büchners Lehrer, der
Anatom Wilbrand und der Chemiker Liebig, und mit ihnen die roman-
tisch-idealistische Naturphilosophie und die analytisch-experimentelle
Naturwissenschaft karikiert. Wilbrand, ein stadtbekanntes Unikum, ließ
seinen Sohn Jolios in seinen Kollegs mit den Ohren wackeln. Vgl. Bornscheuer, S. 11, 32 ff.; zum Komplex Gießen Burghard Dedner, »Gießener
Erfahrungen in Büchners *Woyzeck*«, in: *Literarisches Leben in Oberhessen*, hrsg. von Gerhard R. Kaiser und Gerhard Kurz, Gießen 1993 (Gießener Diskurse, 11), S. 104–125.

Mensch und Vieh. [...] – Weib. – Das Weib ist heiß, heiß!«
(29).

(12) Es setzt sich fort in seinem »stich, stich die Zickwolfin
todt. Soll ich? Muß ich? Hör ich's da noch, sagt's der Wind
auch? Hör ich's immer, immer zu, stich todt, todt«

(13) und raubt ihm den Schlaf: »Und dann sprichts' aus der
Wand, hörst du nix?« (30).

(14) Im Wirtshaus läßt Woyzeck den mit seiner Kraft auf-
trumpfenden Tambourmajor mit einem vieldeutigen »[e]ins
nach dem andern« (31) abblitzen,

(15) dann kauft er sich beim Juden das Mordmesser.

(16) Marie sucht Trost im Lesen der Bibelverse über Maria
Magdalena, nur um sich der Heillosigkeit ihrer Lage desto
mehr inne zu werden, denn ihre Natur ist nicht dazu ange-
tan, »hinfort nicht mehr [zu sündigen]« (32).

(17) Damit, daß Woyzeck in der Kaserne bei Andres sein
Testament macht, bricht H 4 ab. Die folgenden Szenen:
H 1,4–11, enthalten

(18) die Erzählung der Großmutter von einem armen
Kind, das auf der Erde nach dem Tod der Eltern niemand
mehr hat und deshalb »in Himmel« geht, zumal der Mond
es so freundlich anguckt. Der entpuppt sich aber als »ein
Stück faul Holz« wie die Sonne als »eine verwelkte Son-
nenblume«, die Sterne sind »kleine goldene Mücken«, und
die Erde, auf die es zurückkehrt, ist ein »umgestürzter Ha-
fen«, die letzte in einer Reihe von Ent-täuschungen der in
der Ferne vorgegaukelten Trugbilder und Hoffnungen:
»Und war ganz allein und da hat sich's hingesetzt und
gerrt« (35).

(19) Danach ersticht Woyzeck Marie.

(20) Vorbeikommende hören unheimliche Töne.

(21) Als Woyzeck im Wirtshaus mit Käthe tanzt, sieht diese
das Blut an seinen Händen und macht die Leute darauf auf-
merksam. Dem Narren ist es überlassen, die Tat beim Namen zu nennen: »Und da hat der Riese gesagt: ich riech, ich

riech Menschenfleisch. Puh. Der stinkt schon« (38). Woyzeck läuft davon.

⟨22⟩ Zwei Kinder sind auf dem Weg zur Unglücksstelle[104]

⟨23⟩ Woyzeck holt das Messer vom Tatort und

⟨24⟩ wirft es in einen Teich.

⟨25⟩ Ein Polizeidiener kommentiert den Mord als »so schön
als man es nur verlangen thun kann« (40).

Die den *Woyzeck* prägenden Motive sind Armut und Einsamkeit: »Was der Bub schläft. [...] Die hellen Tropfen
stehn ihm auf der Stirn; alles Arbeit unter der Sonn, sogar
Schweiß im Schlaf. Wir arme Leut!« (16). »Wir arme Leut.
Sehn Sie, Herr Hauptmann, Geld, Geld. Wer kein Geld hat.
[...] Unsereins ist doch einmal unseelig in der und der andern Welt, ich glaub' wenn wir in Himmel kämen so müß-
ten wir donnern helfen« (18). Entsprechend beginnt der
Großmutter Erzählung: »Es war einmal ein arm Kind« und
schließt: »und da sitzt es noch und ist ganz allein« (35). Dieses ›Anti-Märchen‹ ist dem *Woyzeck* so zentral wie das romantische Binnenmärchen dem es umrahmenden Text, jedoch im Sinne seiner Kontrafaktur, denn die ›Welt‹ verwirklicht nicht den ›Traum‹, sondern zerstört ihn. Erfüllen sich
die Erwartungen des romantischen Helden wie im Märchen, so erleidet das Kind im Märchen, wie Woyzeck, damit
Schiffbruch. Märchenhaft in der Grimmschen Eingangsfor-
mel und den Motiven, »verkehrt« es »den eigentlichen Geist
der Gattung in sein Gegenteil« (Bornscheuer, 26). Am Ende
ist »Alles todt und [...] Niemand mehr auf der Welt«, eine
pointierte Abwandlung des von zuhörenden Kindern gewöhnlich hinzugefügten Schlusses: »und wenn sie nicht ge-
storben sind, dann leben sie heute noch«. Das ›Anti-Märchen‹ zeigt die Gefangenschaft in Armut, nicht deren Ver-

---

104 Die Ortsangabe weist auf die Gegend um Darmstadt, ein weiterer Grund,
warum der These Enrico de Angelis', der *Woyzeck* sei Büchners erstes
Werk, in der Hauptsache in Gießen geschrieben und dort lokalisiert, wi-
dersprochen werden muß. E. de A., »*Woyzeck*: Büchners erstes Drama«,
in: *Germanisch-Romanische Monatsschrift* 47 (1997) S. 91–100, hier S. 91.

wandlung in Reichtum und Glück. Die Waise lernt die Er-
wachsenenlektion, daß Armut keine Freunde hat. Der
freundlich blickende Mond, Sonne und Sterne versprechen
mit ihrem Leuchten, was die Erde schuldig geblieben ist.
Doch der Schein wie die Verheißungen des Himmels können nur so lange trügen, wie das Kind den Dingen nicht
nahe genug kommt. Der Schluß mit dem echohaften »allein« ist das Stichwort für Woyzecks Auftritt in dem omi-
nösen Dialog:

Woyzeck. Marie!
Marie (erschreckt), was ist?
Woyzeck. Marie wir wollen gehn s'ist Zeit
Marie. Wohinaus?
Woyzeck. Weiß ich's? (35)

Im *Woyzeck* ist Armut weder »ein großer Glanz von innen«
noch wird sie es kraft der Dichtung. Armut verursacht die
Tragödie und entwertet die Moral eines Gesellschaftssy-
stems, das die Schwäche des Menschen auf eine die Wirklichkeit verleugnende, wenn nicht gar verhöhnende, Weise
nicht in Rechnung stellt. Den Stellenwert der Armut im
Woyzeck bringt die 4. Szene durch die ihr eingeschriebene
Faust-Parodie zum Ausdruck.[105] In Gretchens »Nach Golde
drängt, / Am Golde hängt / Doch alles. Ach wir Armen!«
ist die ›Arme‹ Metapher für die menschliche Verfassung
schlechthin. Dagegen ist Maries Verführung durch die Ohr-
ringe, deren Wert ihr – anders als Gretchen – zweifelhaft ist
(»S' ist gewiß Gold!«), Ausdruck der Disproportion von
Sitte und (prätendierter) Sittlichkeit. Marie weiß, daß es ihr
nicht weniger als den feinen Damen zukommt, sich mit Ju-
welen zu schmücken. Ihre Beobachtung: »Unsereins hat nur
ein Eckchen in der Welt und ein Stückchen Spiegel und doch
hab' ich einen so roten Mund als die großen Madamen mit
ihren Spiegeln von oben bis unten und ihren schönen

---

105 Zu Entlehnungen aus Goethe vgl. Thomas Michael Mayer, »Georg Büchner: Shakespeare-, Goethe- und Follen-Zitate aus dem letzten Schulheft«,
in: *GBJb* 7, S. 9–44, hier S. 20, und Hinderer (Anm. 57), S. 196–198.

Herrn, die ihnen die Hände küssen, ich bin nur ein arm
Weibsbild« (15) ist wie Woyzecks Bemerkungen über die
Tugend soziale Anklage, denn wie er ist sie ein Opfer von
Umständen, die des »arm Weibsbild[s]« Rechte einschnüren
und letztlich seinen Tod herbeiführen.

Die Personen des Stücks gehören fast alle dem gleichen
Stand und damit der gleichen Schicksalsgemeinschaft wie
Woyzeck und Marie an. Die Ausnahmen, Hauptmann und
Doktor, zählen als Militär und Wissenschaftler auch nicht
zu den Reichen, aber als die Stützen der Gesellschaft zu den
Vornehmen in dem mittelstädtischen Gemeinwesen. Sie
können es sich leisten, tugendhaft zu sein, gewinnen sie
doch dadurch an Ansehen und Macht. Der scheinbar an den
Haaren herbeigezogene Disput über den »guten Menschen«
und seine »Tugend« thematisiert den Klassenunterschied
zwischen Arm und Vornehm in einer Brechts doppelte Op-
tik bzw. das Umfunktionieren sozialethischer Begriffe vor-
wegnehmenden Weise, insofern er die Klassenbedingtheit
der Tugend als eines Luxus der einen und eines Vorrechts
der anderen gesellschaftlichen Gruppe zu erkennen lehrt:
»Sehn Sie wir gemeinen Leut, das hat keine Tugend, es
kommt einem nur so die Natur, aber wenn ich ein Herr wär
und hätt ein Hut und eine Uhr und en anglaise und könnt
vornehm reden, ich wollt schon tugendhaft seyn. [. . .] Aber
ich bin ein armer Kerl« (18 f.). Der Hauptmann hält sich einiges auf sein Unterscheidungsvermögen zugute, wenn er
Woyzeck zugesteht, er sei »ein guter Mensch«, obwohl er
»immer so verhetzt« aussehe und »keine Moral!« habe,
denn »Moral das ist wenn man moralisch ist, versteht er«
(17). In diesem den Hauptmann überfordernden Diskurs
leuchtet der Doktor als wortgewaltiger Verfechter der
(Willens-)Freiheit gegenüber der (Natur-)Notwendigkeit:
»Doktor. [. . .] Die Natur! Woyzeck, der Mensch ist frei, in
dem Menschen verklärt sich die Individualität zur Freiheit«
(21). Hohl und (im Zusammenhang mit der Erbsendiät gro-
tesk) klingen darin Schillers »Worte des Glaubens« an:

»Der Mensch ist frei geschaffen, ist frei, / Und würd er in
Ketten geboren.« Der Doktor, damit jedenfalls auf der
Höhe der Zeit, beruft sich nicht auf Schiller, sondern auf die
experimentelle Wissenschaft (»Hab' ich nicht nachgewiesen,
daß der musculus constrictor vesicae dem Willen unterwor-
fen ist?«). In seiner Mischung aus Idealismus (Willensfreiheit) und Materialismus (Der Mensch ist, was er ißt) und
seiner Besessenheit von einer »Revolution in der Wissenschaft« (21) verkörpert der verschrobene Gelehrte weniger
wissenschaftlichen Dilettantismus als Inhumanität, die sich
darin zeigt, wie er den »arme[n] Kerl« (19) mißbraucht und
zum Mittel seines Geltungsstrebens erniedrigt.[106]
Während die Macht der Vornehmen die Tragödie des Armen verursacht, bezieht die ›Eifersuchtstragödie‹ Woyzecks
»Natur« und krankhafte Gemütsverfassung ein; deren so-
ziologische Bedingtheit weiß Woyzeck im Disput überzeu-
gender als der Doktor die Willensfreiheit zu vertreten.
Woyzeck wird zum Verbrecher, weil ihm die »Natur« auch
in Form von Eifersucht »kommt«, und das, da er noch
Natur ist, mit elementarer Stärke. Daß er dem Angriff nicht
zu wehren vermag, hängt mit einer Empfindlichkeit zusammen, die sich durch seine Angstpsychose hindurch mitteilt.
Bereits in der 2. Szene, als Woyzeck Marie sein Geheimnis
anvertraut: »es war wieder was, viel [. . .]. Es ist hinter mir
gegangen bis vor die Stadt. Was soll das werden?«, befindet
diese: »Der Mann! So vergeistert. Er hat sein Kind nicht
angesehn. Er schnappt noch über mit den Gedanken«

106 Dazu Ernst-Henning Schwedt: »Wo der Doktor, vorgeblich im Namen
     der Freiheit, in Wahrheit um seines wissenschaftlichen Systemchens wil-
     len, die Einheit der Welt als geistige gewaltsam unterstellt, insistiert Woy-
     zeck auf ihrer und seiner Zerrissenheit. Denn daß der Mensch frei sei, ist
     eben die Lüge, mit deren Hilfe die Freiheit des Einzelnen um der Erhal-
     tung des gewaltsamen Postulats willen kassiert wird, und nichts kann
     Woyzeck dagegen einwenden als seine Erfahrung des Doppelseins der
     Natur« (»Marginalien zu *Woyzeck*«, in: *GB* III, S. 172). Man könnte hin-
     zufügen: er hat dem nichts als seine die des Doktors überragende Intelli-
     genz entgegenzusetzen.

(11 f.).[107] Den Freimaurern gibt Woyzeck schuld, daß er
fürchten muß, geköpft zu werden oder ins Bodenlose unter
der dünnen Erddecke zu sinken, und eine »mystische Dimension« seines Aberglaubens manifestiert sich nach Büchner in den apokalyptischen Visionen (1. Mose 19,28: »steht
nicht geschrieben: und sieh da ging ein Rauch vom Land,
wie der Rauch vom Ofen?«, 11).[108] Für das klinische Krank-
heitsbild des Verfolgungswahns typisch ist die Übertragung
der Angst in soziale oder religiöse Klischees. Arm und deshalb mißbraucht, von Angst gejagt und von Halluzinatio-
nen gemartert, verliert Woyzeck mit Maries Treubruch die
einzige Verbindung zur Welt und seinen einzigen Halt. Da
ihn der Treubruch existentiell gefährdet, reagiert er, psycho-
logisch folgerichtig, mit Gewalt. Büchners »Fundamentalkritik« am geltenden Recht suggeriert also: Nicht der Mörder, sondern die Verhältnisse sind schuldig, bzw. das System
nur erklärt sein Verbrechen. Woyzeck, der wie ein »Rasiermesser« durch die Welt rast, immer auf Trab von einer
Pflicht zur anderen, sei es als Soldat, Barbier, Gelegenheits-
arbeiter, Liebhaber oder Vater, hat mit Lenz die »erhöhte
Motorik« des Wahnsinnigen im finalen Stadium und mit
Rosetta aus *Leonce* und *Lena* gemein, daß er die Zeit wie
diese ihn verliert und er aus ihr zu ›rennen‹ im Begriffe ist.
Wie Lenz, so ist Woyzeck trotz der naturwissenschaftlichen
Deduzierbarkeit seines Falles ein besonderer Mensch, der in

---

107 Vgl. den Anklang an Gretchens Worte im *Faust*: »Du lieber Gott, was so
ein Mann / Nicht alles, alles denken kann« als zusätzlichen Beweis, daß
Marie auch als Parodie Gretchens konzipiert ist, und zwar unter sozial-
kritischem Aspekt.

108 Wie die Beschreibung von Woyzecks Verwirrungszuständen sind dies Zitate der Quellen; vgl. Bornscheuer, S. 3–36; zu den wörtlichen Übernah-
men aus der Prozeßakte des Mörders Schmolling und der Hauptquelle,
dem zweiten Clarus-Gutachten über die Zurechnungsfähigkeit Woyzecks, vgl. insbesondere S. 16 ff. Zum Komplex Ausbeutung vgl. Alfons
Glück (Anm. 98). S. 197 f., der ausführt, in Woyzecks Erscheinungen sei
»der Grundmechanismus von Psychosen wirksam, die Projektion. [...]
Aus seinen Peinigern, die in Reichweite vor ihm stehen, werden überirdi-
sche und unterirdische Verfolger – das ist ver-rückte Erkenntnis.«

seinem eigentümlichen Wesen erfaßt ist. Der wahnsinnige Mörder ist ein friedfertiger, gutmütiger Zeitgenosse, ein treuer Liebhaber und fürsorglicher Vater. Unter Fratzen und Dumpfheit ist er der Empfindende und Empfindliche und auch der Wissende. Vielleicht wurde »ein Fehler gemacht, wie wir geschaffen wurden« (*Danton*), vielleicht hat die Welt doch einen Riß (*Lenz*) und ist selbst bei heiterster Ansicht bestenfalls eine entgleiste Utopie (*Leonce und Lena*). Doch der Arme mit dem traurigen Gesicht ist nach allem, was ihm geschehen ist, kein Nihilist, sondern wie eine Brechtsche »Kreatur braucht [er] Hilf' von allen«. Im Unterschied zu anderen Helden Büchners hat für Woyzeck sein bißchen Leben Wert, und er zeigt es, indem er durch alle Erniedrigungen hindurch seine Würde verteidigt und so die Widrigkeiten seines Daseins aushält. Marie, das lehrt der Vergleich mit Gretchen, der sich in der Schmuckszene aufdrängt, ist im Gegensatz zu dem Typ ›einfaches Mädchen aus dem Volk‹ eine unsentimentale, selbstbewußte, spöttische und freisinnige Person, den Klischees ihrer Liebhaber (»Weib« oder »Wild Thier«) zum Trotz. Mit dem Unkontrollierbaren in sich wird sie auf scheinbar einfache, in Wahrheit weise Art fertig. Doktor, Hauptmann und Tambourmajor dagegen sind pure Automaten. Der Hauptmann reagiert auf Woyzeck wie programmiert mit ihm eingespeisten Begriffen von Tugend und Moral, desgleichen die gelehrte Version von ihm, der Doktor, mit dem Unterschied, daß dieser über das terminologische Repertoire seines Fachs und das einer Person von Stand verfügt. Das Zerrbild, das sie von ihren Mitmenschen haben, ist ein Reflex ihrer mechanisierten Sicht auf die Welt.

Woyzeck gilt mehr noch als *Dantons Tod* als offenes Drama und ist es so wenig wie dieses, denn, was daran offen ist oder so erscheint, hat mit dem Fragmentarischen des Werks (und häufiger noch mit der Textbearbeitung) zu tun. Die Szenenfolgen bestehen nicht aus selbständigen, locker verfugten, austauschbaren Episoden, sondern werden auf den verschiedenen Stufen des Entwurfs enger verflochten und deutlicher aufeinander bezogen.[109] Hingegen haftet ihm in Büchners Gesamtkunstwerk menschlicher Leiden und Leidenschaften das Etikett des ›Eigentlichen‹ nicht von ungefähr an. Davon zeugt, daß *Woyzeck* ein Liebling des Theaters in der ganzen Welt geworden ist. Wie sonst verfuhr Büchner auch im *Woyzeck* getreu dem Grundsatz seines Lenz, die »Gestalten aus sich heraustreten [zu] lassen, ohne etwas vom Äußern hineinzukopieren«. Doch indem er die »Geschichte zum zweiten Mal erschafft«, entsteht der Büchnersche ›Mehrwert‹, den man das ›Eigentliche‹ nennt. Franz ist wie Johann Christian Woyzeck auch nur ein armer Teufel. Hat er es als einer aus der »ungebildeten Klasse« gleich schwer, seine Gefühle zu artikulieren, so ist er sich ihrer doch ganz sicher. Mit Intelligenz und Witz pariert er die Stiche seiner Widersacher und erleuchtet das Leben damit, wie er sein »einzig Mädel« und sein Kind liebt.[110]

Die Sonderstellung des Stückes in Büchners Werk erhellt auch daraus, daß Woyzeck, im Unterschied etwa zu Danton oder Leonce, weit mehr *in* als *an* der Welt leidet und daß dieses Leiden in der Welt ihn gegen die *maladie du siècle*, die Langeweile, feit – ein Wesenszug, den er mit Büchner teilt und der etwas von *Woyzecks* bemerkenswerter Zugkraft erklären mag.

109 Vgl. Burghard Dedner, »Die Handlung des *Woyzeck*: ›wechselnde Orte – geschlossene Form‹«, in: *GBJb* 7, S. 144–170, wo es über »die diesem Gegenstand angemessene Form« heißt: »Auch sie war nicht von Shakespeare, von Lenz oder von Goethe zu übernehmen; sie mußte erfunden werden« (S. 170).

110 Weiteres zu diesem Aspekt bei Kurt May, »Büchners *Woyzeck*«, in: *Martens*, S. 241–251.

IV. Literaturhinweise

1. Ausgaben

Zitiert wird im Text nach Reclams Universal-Bibliothek 9486 (*Der Hessische Landbote. Studienausgabe*), 6060 (*Dantons Tod*), 7733 (*Leonce und Lena*), 8210 (*Lenz. Studienausgabe*) und 18007 (*Woyzeck. Studienausgabe*) mit Seitenzahl in Klammern, nach Werner R. Lehmanns historisch-kritischer Ausgabe der *Sämtlichen Werke und Briefe* mit der Sigle L, römischer Band- und arabischer Seitenzahl und der Münchner Ausgabe von Karl Pörnbacher [u. a.] mit der Sigle MA und Seitenzahl oder Briefnummer jeweils in Klammern.

Die Benutzung von Reclams *Erläuterungen und Dokumente zu Dantons Tod* von Josef Jansen (Universal-Bibliothek, 8104), *Lenz* von Gerhard Schaub (Universal-Bibliothek, 8180) und *Woyzeck* von Lothar Bornscheuer (Universal-Bibliothek, 8117) wird für das Verständnis dieser Arbeit zwar nicht vorausgesetzt, aber empfohlen.

Georg Büchner: Sämtliche Werke und Briefe. Historisch-kritische Ausgabe mit Kommentar. Hrsg. von Werner R. Lehmann. Hamburg: Wegner. Bd. 1, 1967, Bd. 2, 1971 = L I, L II.
- Werke und Briefe. Hrsg. von Karl Pörnbacher [u. a.]. München: Hanser, ⁵1995 = MA.
- / Friedrich Ludwig Weidig: Der Hessische Landbote. Studienausgabe. Hrsg. von Gerhard Schaub. Stuttgart: Reclam, 1996 [u. ö.]. (Universal-Bibliothek. 9486.)
- Dantons Tod. Kritische Studienausgabe. Hrsg. von Peter von Becker. Frankfurt a. M.: Syndikat Verlag, ²1985 = DTSt.
- Dantons Tod. Stuttgart: Reclam, 1970 [u. ö.]. (Universal-Bibliothek. 6060.)
- Leonce und Lena. Kritische Studienausgabe. Hrsg. von Burghard Dedner. Frankfurt a. M.: Athenäum, 1987. (Büchner-Studien. 3.) = LuLSt.
- Lenz. Studienausgabe. Hrsg. von Hubert Gersch. Stuttgart: Reclam, 1984 [u. ö.]. (Universal-Bibliothek. 8210.)
- Woyzeck. Leonce und Lena. Hrsg. und mit einem Nachw. von Otto A. zur Nedden. Stuttgart: Reclam, 1952 [u. ö.]. (Universal-Bibliothek. 7733.)

Georg Büchner: Woyzeck. Studienausgabe. Nach einer Edition von Thomas Michael Mayer hrsg. von Burghard Dedner. Stuttgart: Reclam, 1999. (Universal-Bibliothek 18007.)

2. Sekundärliteratur

a) Bibliographien

Baumgartner, Ingeborg M.: Georg Büchner in Secondary Literature 1835–1965. Dissertation University of Michigan. Ann Arbor 1970.

Büchner in Britain: A Passport to Georg Büchner. Hrsg. von Brian Keith-Smith und Ken Mills. Bristol 1987.

Drucker, Judith: A Büchner Bibliography. In: Yale-Theatre 3 (1972) S. 106–108.

Hartwig, Gilbert F.: The Georg Büchner Literature. Part I: A Selective Bibliography to 1952. In: The Southern Quarterly 6 (1968) S. 415–427.

Knapp, Gerhard P.: Kommentierte Bibliographie zu Georg Büchner. In: Text + Kritik 34 (1979) Sonderband. S. 426–455.

Mayer, Thomas Michael: Zu einigen neueren Tendenzen der Büchner-Forschung. Ein kritischer Literaturbericht (Teil I). In: Text + Kritik 34 (1979) Sonderband. S. 327–356.

– Georg Büchner-Literatur 1977–1980. In: GBJb I (1981) S. 319 bis 350.

– / Christine Lietz / Kristiane Stockmann: Georg Büchner-Literatur 1985–1987 (mit Nachträgen). In: GBJb 6 (1986/87) S. 407 bis 456.

– / Christine Lietz: Georg Büchner-Literatur 1988/89 (mit Nachträgen). In: GBJb 7 (1988/89) S. 415–437.

Petersen, Klaus-Dietrich: Georg Büchner-Bibliographie. In: Philobiblon 17 (1973) S. 89–115.

Schlick, Werner: Das Georg Büchner-Schrifttum bis 1965. Eine internationale Bibliographie. Hildesheim 1968.

Thieberger, Richard: Situation de la Büchner-Forschung (I). In: Etudes Germaniques 23 (1968) S. 255–260.

– Situation de la Büchner-Forschung (II). In: Etudes Germaniques 23 (1968) S. 405–413.

b) Sammelwerke

Georg Büchner: Hrsg. von Wolfgang Martens. Darmstadt 1965.
(Wege der Forschung. 53.) = Martens.
Georg Büchner I/II. Sonderband Text + Kritik. Hrsg. von Heinz
Ludwig Arnold. München ²1982 = GB I/II.
Georg Büchner III. Sonderband Text + Kritik. Hrsg. von Heinz
Ludwig Arnold. München 1981 = GB III.
Georg Büchner Jahrbuch. Hrsg. von Thomas Michael Mayer.
Frankfurt a. M. (dann Tübingen) 1981 ff. = GBJb.
Georg Büchner. Leben, Werk, Zeit. Katalog der Ausstellung Mar-
burg 1984. Marburg 1985 = Kat M.
Georg Büchner. Revolutionär, Dichter, Wissenschaftler 1813 bis
1837. Katalog der Ausstellung Darmstadt 1987. Frankfurt a. M.
1987 = Kat D.
Zweites Internationales Georg Büchner Symposium 1987. Hrsg.
von Burghard Dedner [u. a.]. Frankfurt a. M. 1990 = ZIBS.
Interpretationen: Georg Büchner: *Dantons Tod, Lenz, Leonce und
Lena, Woyzeck.* Stuttgart 1990 [u. ö.]. (Reclams Universal-Bibliothek. 8415.) = Int.

c) Einzelwerke

Anz, Heinrich: »Leiden sey All mein Gewinst«. Zur Aufnahme
und Kritik christlicher Leidenstheologie bei Georg Büchner. In:
GBJb 1 (1981) S. 160–168.
Arendt, Dieter: Georg Büchner über Jakob Michael Reinhold Lenz
oder: »Die idealistische Periode fing damals an«. In: ZIBS. S. 309
bis 332.
Becker, Peter von: Die Trauerarbeit im Schönen. *Dantons Tod* –
Notizen zu einem neu gelesenen Stück. In: DTSt. S. 75–90.
Benn, Maurice B.: The Drama of Revolt. A Critical Study of Georg
Büchner. New York 1976. (Anglica Germanica. 2.)
Berns, Jörg Jochen: Zeremoniellkritik und Prinzensatire. Traditio-
nen der politischen Ästhetik des Lustspiels *Leonce und Lena.* In:
LuLSt. S. 219–274.
Bohn, Volker: Dokumente der Frührezeption von *Dantons Tod.* In:
GB III. S. 99–103.
– »Bei diesem genialen Cynismus wird dem Leser zuletzt ganz

krankhaft pestartig zu Muthe«. Überlegungen zur Früh- und Spätrezeption von Dantons Tod. In: GB III. S. 104–130.

Bornscheuer, Lothar: Erläuterungen und Dokumente: Georg Büchner: Woyzeck. Stuttgart 1972 [u. ö.]. (Reclams Universal-Bibliothek. 8117.)

Bräuning-Oktavio, Hermann: Georg Büchner. Gedanken über Leben, Werk und Tod. Bonn 1976. (Abhandlungen zur Kunst-, Musik- und Literaturwissenschaft. 207.)

Buck, Theo: »Man muß die Menschheit lieben«. Zum ästhetischen Programm Georg Büchners. In: GB III. S. 15–34.

Büttner, Ludwig: Büchners Bild vom Menschen. Nürnberg 1967.

Dedner, Burghard: Bildsysteme und Gattungsunterschiede in Leonce und Lena, Dantons Tod und Lenz. In: LuLSt. S. 157–218.

– Die Handlung des Woyzeck: wechselnde Orte – »geschlossene Form«. In: GBJb 7 (1988/89) S. 144–170.

– Leonce und Lena. In: Int. S. 119–176.

– Gießener Erfahrungen in Büchners Woyzeck. In: Literarisches Leben in Oberhessen. Hrsg. von Gerhard R. Kaiser und Gerhard Kurz. Gießen 1993. (Gießener Diskurse. 11.) S. 104–125.

– Quellendokumentation und Kommentar zu Büchners Geschichtsdrama Dantons Tod. In: editio 7 (1993) S. 194–210.

– Büchners Lenz: Rekonstruktion der Textgenese. In: GBJb 8 (1990–94) S. 3–68.

Drux, Rudolf: »Eigentlich nichts als Walzen und Windschläuche«. Ansätze zu einer Poetik der Satire im Werk Georg Büchners. In: ZIBS. S. 335–352.

Fink, Gonthier-Louis: Das Bild der Revolution in Büchners Dantons Tod. In: ZIBS. S. 175–202.

Gersch, Hubert: Georg Büchners Lenz-Entwurf: Textkritik, Edition und Erkenntnisperspektiven. Ein Zwischenbericht. In: GBJb 3 (1983) S. 14–25.

– [u. a.]: Quellenmaterial und »reproduktive Phantasie«. Untersuchungen zur Schreibmethode Georg Büchners: Seine Verwertung von Paul Merlins Trivialisierung des Lenz-Stoffes und von anderen Vorlagen. In: GBJb 8 (1990–94) S. 69–103.

Glück, Alfons: »Herrschende Ideen«: Die Rolle der Ideologie, Indoktrination und Desorientierung in Georg Büchners Woyzeck. In: GBJb 5 (1985) S. 52–138.

– Der Woyzeck. Tragödie eines Paupers. In: Kat D. S. 325–332.

– Woyzeck. Ein Mensch als Objekt. In: Int. S. 177–215.

Grab, Walter: Georg Büchners *Hessischer Landbote* im Kontext deutscher Revolutionsaufrufe 1791–1848. In: ZIBS. S. 65–83.

Grimm, Reinhold: Cœur und Carreau. Über die Liebe bei Georg Büchner. In: GB I/II. S. 299–326.

– Love, Lust und Rebellion: New Approaches to Georg Büchner. Madison 1985.

Hasselbach, Karlheinz: Georg Büchner: *Lenz*. München 1988. (Oldenbourg Interpretationen. 5.)

Hauschild, Jan-Christoph: Georg Büchner. Mit Selbstzeugnissen und Bilddokumenten dargestellt. Reinbek bei Hamburg 1992. (rm 503.)

– Georg Büchner. Biographie. Stuttgart 1993.

Hiebel, Hans H.: Allusion und Elision in Georg Büchners *Leonce und Lena*. Die intertextuellen Beziehungen zwischen Büchners Lustspiel und Stücken von Shakespeare, Musset und Brentano. In: ZIBS. S. 353–378.

Hinck, Walter: Georg Büchner. In: Deutsche Dichter des 19. Jahrhunderts. Ihr Leben und Werk. Hrsg. von Benno von Wiese. Berlin 1969. S. 200–222.

Hinderer, Walter: Büchner Kommentar zum dichterischen Werk. München 1977.

– *Lenz*. »Sein Dasein war ihm eine notwendige Last«. In: Int. S. 63 bis 117.

Hörisch, Jochen: Pathos und Pathologie. Der Körper und die Zeichen in Büchners *Lenz*. In: Kat D. S. 267–275.

Holmes, Terence M.: Die »Absolutisten« in der Revolution. In: GBJb 8 (1990–94) S. 241–253.

Jancke, Gerhard: Georg Büchner. Genese und Aktualität seines Werkes. Kronberg i. Ts. 1975. (Scriptor Taschenbücher. 56.)

Jansen, Josef: Erläuterungen und Dokumente: Georg Büchner: *Dantons Tod*. Stuttgart 1969 [u. ö.]. (Reclams Universal-Bibliothek. 8104.)

Keller, Michael: Weder Stand noch Klasse – Zur Veränderung der ländlichen Welt im oberhessischen Verbreitungsgebiet des *Hessischen Landboten*. In: Kat D. S. 156–167.

Klotz, Volker: Geschlossene und offene Form des Dramas. München 1970. (Literatur als Kunst.)

Kluge, Gerhard: »… Das war die Flucht ins Paradies«. In: Jahrbuch des Freien Deutschen Hochstifts 1995. S. 270–281.

Knapp, Gerhard P.: Georg Büchner. Stuttgart 1984.

Kobel, Erwin: Georg Büchner. Das dichterische Werk. Berlin/New York 1974.

Kurzenberger, Hajo: Komödie als Pathographie einer abgelebten Gesellschaft. Zur gegenwärtigen Beschäftigung mit *Leonce und Lena* in der Literaturwissenschaft und auf dem Theater. In: GB III. S. 150–168.

Lukács, Georg: Der faschistisch verfälschte und der wirkliche Georg Büchner. In: Martens. S. 197–224.

Mayer, Hans: Georg Büchner und seine Zeit. Frankfurt a. M. 1977.

Mayer, Thomas Michael: Büchner und Weidig – Frühkommunismus und revolutionäre Demokratie. Zur Textverteilung des *Hessischen Landboten*. In: GB I/II. S. 16–298.

– Georg Büchner. Eine kurze Chronik zu Leben und Werk. In: GB I/II. S. 357–425.

– Die Verbreitung und Wirkung des *Hessischen Landboten*. In: GBJb 1 (1981) S. 68–111.

– »Wegen mir könnt Ihr ganz ruhig sein . . .« Die Argumentationsliste in Georg Büchners Briefen an die Eltern. In: GBJb 2 (1982) S. 249–280.

– Bemerkungen zur Textkritik von Büchners *Lenz*. In: GBJb 5 (1985) S. 184–197.

– Die Gesellschaft der Menschenrechte und *Der Hessische Landbote*. In: Kat D. S. 168–186.

– Vorläufige Bemerkungen zur Textkritik von *Leonce und Lena*. In: LuLSt. S. 89–153.

– Thesen und Fragen zur Konstituierung des *Woyzeck*-Textes. In: GBJb 8 (1990–94) S. 217–238.

Meier, Albert: Georg Büchners Ästhetik. München 1983. (Literatur in der Gesellschaft N. F. 5.)

Morgenroth, Matthias: Formen und Funktionen des Komischen in Büchners *Leonce und Lena*. (Stuttgarter Arbeiten zur Germanistik. 314.) Stuttgart 1995.

Peacock, Ronald: Eine Bemerkung zu den Dramen Georg Büchners. In: Martens. S. 360–372.

Pilger, Andreas: Die »idealistische Periode« in ihren Konsequenzen. Georg Büchners kritische Darstellung des Idealismus in der Erzählung *Lenz*. In: GBJb 8 (1990–94) S. 69–103.

Poschmann, Henri: Georg Büchner. Dichtung der Revolution und Revolution der Dichtung. Berlin 1983.

Reddick, John: Georg Büchner: The Shattered Whole. Oxford 1994.

Roth, Udo: Das Forschungsprogramm des Doktors in Büchners *Woyzeck* unter besonderer Berücksichtigung von H 2,6. In: GBJb 8 (1994) S. 254–278.

Rückhäberle, Hans-Joachim: Georg Büchners *Dantons Tod* – Drama ohne Alternative. In: GBJb 1 (1981) S. 169–176.

Schaub, Gerhard: Georg Büchner: Poeta rhetor. Eine Forschungsperspektive. In: GBJb 2 (1982) S. 170–195.

– Erläuterungen und Dokumente: Georg Büchner: *Lenz*. Stuttgart 1987 [u. ö.]. (Reclams Universal-Bibliothek. 8180.)

Scheuer, Erwin: Akt und Szene in der offenen Form des Dramas dargestellt an den Dramen Georg Büchners. Phil. Diss. Berlin 1929. (Germanische Studien. 77.)

Schings, Hans-Jürgen: Zum Realismus Georg Büchners. In: H.-J. Sch.: Der mitleidigste Mensch ist der beste Mensch. Poetik des Mitleids von Lessing bis Büchner. München 1980. S. 64–68.

Schmidt, Harald: Melancholie und Landschaft. Die psychotische und ästhetische Struktur der Naturschilderungen in Georg Büchners *Lenz*. Opladen 1994. (Kulturwissenschaftliche Studien zur deutschen Literatur.)

Schwedt, Ernst Henning: Marginalien zu *Woyzeck*. In: GB III. S. 169–179.

Sengle, Friedrich: Biedermeierzeit. Deutsche Literatur im Spannungsfeld zwischen Restauration und Revolution 1815–1848. Stuttgart 1980.

Spieß, Reinhard F.: Büchners *Lenz*. Überlegungen zur Textkritik. In: GBJb 3 (1983) S. 26–36.

Thieberger, Richard: *Lenz* lesend. In: GBJb 3 (1983) S. 43–75.

Thorn-Prikker, Jan: Revolutionär ohne Revolution. Interpretationen der Werke Büchners. Stuttgart 1978. (Literaturwissenschaft – Gesellschaftswissenschaft. 33.)

Turk, Horst: »Aber die Zeit verliert uns«. Zur Struktur der historischen Zeit am Beispiel von Büchners *Danton*. In: Sagen, was die Zeit ist. Hrsg. von Enno von Rudolf [u. a.]. Stuttgart 1992.

– Georg Büchner. *Leonce und Lena*. In: Ein Text und ein Leser. Weltliteratur für Liebhaber. Hrsg. von Wilfried Barner. Göttingen 1994.

Viëtor, Karl: Georg Büchner: Politik. Dichtung. Wissenschaft. Bern 1949.

Voges, Michael: Dantons Tod. In: Int. S. 7–61.

Voss, E. Theodor: Arkadien in Büchners *Leonce und Lena*. In: LuLSt. S. 275–436.

Wender, Herbert: Der Dichter von *Dantons Tod*. Ein Vergötterer der Revolution. In: Kat D. S. 218–239.

– Georg Büchners Bild der großen Revolution. Zu den Quellen von *Dantons Tod*. Frankfurt a. M. 1988.

Wittkowski, Wolfgang: Georg Büchner. Persönlichkeit, Weltbild, Werk. Heidelberg 1978. (Reihe Siegen. Beiträge zur Literatur- und Sprachwissenschaft. 10.)

d) Rezeption

Dedner, Burghard: Büchner im Kaiserreich. In: Text und Kontext. München 1988. S. 195–215.

– Büchner-Bilder im Jahrzehnt zwischen Wagner-Gedenkjahr und Inflation. In: GBJb 3 (1983) S. 275–297.

Goltschnigg, Dietmar: Materialien zur Rezeptions- und Wirkungsgeschichte Georg Büchners. Kronberg i. Ts. 1974.

– Büchner im »Dritten Reich«. Mystifikation – Gleichschaltung – Exil. Eine Dokumentation. Bielefeld 1990.

Grimm, Reinhold: Abschluß und Neubeginn. Vorläufiges zur Büchner-Rezeption und zur Büchner-Forschung heute. In: GBJb 2 (1982) S. 21–40.

Heiss, Christine: Die Rezeption von *Dantons Tod* durch die deutsch-amerikanische Arbeiterbewegung im 19. Jahrhundert. In: GBJb 4 (1984) S. 248–263.

Rothe, Friedrich: Georg Büchners Spätrezeption. Hauptmann, Wedekind und das Drama der Jahrhundertwende. In: GBJb 3 (1983) S. 270–274.

Studien und neue Quellen zu Leben, Werk und Wirkung. Mit zwei unbekannten Briefen Büchners. Hrsg. von Jan-Christoph Hauschild und Thomas Michael Mayer. Königstein i. Ts. 1985.

Winter, Ilse: Ein Beitrag zur Büchner-Rezeption in der DDR. In: Carleton Germanic Papers 16 (1988) S. 47–60.

Meinen Kollegen Thomas Michael Mayer vom Georg Büchner Archiv der Philipps-Universität Marburg und Ingrid Tiesler-Hasselbach von der Tulane University in New Orleans danke ich für ebenso bereitwillig gewährte wie unentbehrliche Hilfe.

V. Abbildungsnachweis

Literaturwissen

für Schule und Studium

In der Reihe *Literaturwissen* erscheinen Einführungen zu wichtigen in den schulischen Literaturkursen vorzugsweise gelesenen Autoren. *Literaturwissen* bietet Grundwissen für Schüler in konzentrierter Form: Autor und Werk in knapper literaturgeschichtlicher Einordnung, Inhaltsangaben und Interpretationen der in der Schule behandelten Texte, Literaturhinweise und Abbildungen.

Alfred Andersch. Von Reiner Poppe. 120 S. 6 Abb. UB 15219

Heinrich Böll. Von Helmut Bernsmeier. 151 S. 10 Abb. UB 15211

Bertolt Brecht. Von Franz-Josef Payrhuber. 176 S. 9 Abb. UB 15207

Georg Büchner. Von Karlheinz Hasselbach. 108 S. 7 Abb. UB 15212

Friedrich Dürrenmatt. Von Wilhelm Große. 176 S. 11 Abb. UB 15214

Theodor Fontane. Von Theodor Pelster. 116 S. 10 Abb. UB 15213

Max Frisch. Von Klaus Müller-Salget. 141 S. 10 Abb. UB 15210

Johann Wolfgang Goethe. Von Kurt Rothmann. 158 S. 10 Abb. UB 15201

Günter Grass. Von Theodor Pelster. 132 S. 11 Abb. UB 15220

Gerhart Hauptmann. Von Franz-Josef Payrhuber. 104 S. 9 Abb. UB 15215

Hermann Hesse. Von Helga Esselborn-Krumbiegel. 115 S. 9 Abb. UB 15208

Franz Kafka. Von Carsten Schlingmann. 168 S. 11 Abb. UB 15204

Gottfried Keller. Von Klaus-Dieter Metz. 143 S. 7 Abb. UB 15205

Heinrich von Kleist. Von Sabine Doering. 123 S. 10 Abb. UB 15209

Gotthold Ephraim Lessing. Von Wolfgang Kröger. 106 S. 10 Abb. UB 15206

Thomas Mann. Von Ulrich Karthaus. 115 S. 7 Abb. UB 15203

Conrad Ferdinand Meyer. Von Theodor Pelster. 119 S. 9 Abb. UB 15216

Friedrich Schiller. Von Walter Schafarschik. 182 S. 13. Abb UB 15218

Adalbert Stifter. Von Karl Pörnbacher. 144 S. 9 Abb. UB 15217

Theodor Storm. Von Winfried Freund. 136 S. 6 Abb. UB 15202

Philipp Reclam jun. Stuttgart

Georg Büchner

IN RECLAMS UNIVERSAL-BIBLIOTHEK

Dantons Tod. Ein Drama. 78 S. UB 6060
Dazu *Erläuterungen und Dokumente.* Herausgegeben von Josef Jansen. 112 S. UB 8104

Lenz – Der Hessische Landbote. Mit einem Nachwort von Martin Greiner. 62 S. UB 7955

Lenz. Studienausgabe. Im Anhang: Johann Friedrich Oberlins Bericht »Herr L . . . . . .« in der Druckfassung »Der Dichter Lenz, im Steintale« durch August Stöber und Auszüge aus Goethes »Dichtung und Wahrheit« über J. M. R. Lenz. Herausgegeben von Hubert Gersch. 80 S. UB 8210
Dazu *Erläuterungen und Dokumente.* Herausgegeben von Gerhard Schaub. 173 S. UB 8180

Woyzeck. Ein Fragment – *Leonce und Lena.* Lustspiel. Herausgegeben und mit einem Nachwort versehen von Otto C. A. zur Nedden. 64 S. UB 7733

Woyzeck. Studienausgabe. Nach der Edition von Thomas Michael Mayer. Herausgegeben von Burghard Dedner. 211 S. UB 18007

Georg Büchner / Friedrich Ludwig Weidig: *Der Hessische Landbote.* Studienausgabe. Herausgegeben von Gerhard Schaub. 213 S. UB 9486

Philipp Reclam jun. Stuttgart